AF591769

C. W. LEADBEATER

L'Homme Visible et Invisible

Traduit de l'Anglais

3e édition

LES ÉDITIONS ADYAR
4, Square Rapp, PARIS (VIIe)
1929

L'Homme visible et invisible

L'HOMME VISIBLE ET INVISIBLE

EXEMPLES DE DIFFÉRENTS TYPES D'HOMMES
TELS QU'ILS PEUVENT ÊTRE OBSERVÉS
PAR UN CLAIRVOYANT EXERCÉ

PAR

C.-W. LEADBEATER

Avec un frontispice, trois diagrammes et vingt-deux illustrations en couleurs

---

TRADUIT DE L'ANGLAIS

TROISIÈME ÉDITION

LES EDITIONS ADYAR
4, Square Rapp, 4 — PARIS (VIIe)

1929

OUVRAGES DU MÊME AUTEUR

Traduits en français.

LE COTÉ CACHÉ DES CHOSES (2 vol.).
L'OCCULTISME DANS LA NATURE (2 vol.).
ECHAPPÉES SUR L'OCCULTISME.
CENTRES DE FORCES DANS L'HOMME (avec planches en couleurs).
LES MAITRES ET LE SENTIER.
LA SCIENCE DES SACREMENTS.
LES AIDES INVISIBLES.
L'AUTRE COTÉ DE LA MORT.
DE LA CLAIRVOYANCE.
LE CREDO CHRÉTIEN : SON ORIGINE ET SA SIGNIFICATION.
LE PLAN ASTRAL.
LE MONDE CÉLESTE, OU PLAN MENTAL.
LES RÊVES.
A CEUX QUI PLEURENT.
LA MORT ET LES ÉTATS QUI LA SUIVENT.
PRÉCIS DE THÉOSOPHIE.
Etc., etc.

En collaboration avec Mme BESANT :

LA VOIE DE L'OCCULTISME. — Tome I.
Commentaires sur *Aux ieds du Maître.*
LA VOIE DE L'OCCULTISME. — Tome II.
Commentaires sur *la Voix du Silence.*
LA VOIE DE L'OCCULTISME. — Tome III.
Commentaires sur *La L.mière sur le Sentier.*
LA CHIMIE OCCULTE.
L'HOMME : D'OU IL VIENT ET OU IL VA.
LES FORMES-PENSÉES (avec planches en couleurs).

TABLE DES MATIÈRES

TABLE DES PLANCHES COLORIÉES

NOTE DE L'AUTEUR

L'auteur désire exprimer ses plus vifs remerciements aux deux collègues théosophes qui ont préparé pour lui les illustrations de cet ouvrage. — au comte Maurice Prozor qui les a dessinées et coloriées d'après nature, et à Mlle Gertrude Spinck qui a dépensé bien des journées à les recopier patiemment, par un procédé particulier, de façon à ce qu'elles puissent être reproduites, avec plus de succès, par le procédé photographique.

NOTE DU TRADUCTEUR

Le rendement des illustrations de cet ouvrage, par la photochromogravure, n'a pas donné tout ce que l'auteur en attendait. Pour ceux qui ont eu la bonne fortune d'examiner les illustrations originales, il semble, de prime-abord, que la reproduction en a accentué les oppositions et les contours et atténué par contre le fondu et ce quelque chose de vivant qui caractérisait les originaux. Cet ouvrage n'en présente pas moins un intérêt capital, car c'est le premier qui nous permette, avec l'aide de nos sens limités, de nous faire une idée approximative des véhicules subtils de l'âme tels qu'ils peuvent être observés par un clairvoyant exercé.

1re édition. — Mars 1903.

1
2
3
4
5
1. Haute spiritualité.
Dévotion mélangée d'affection.
Dévouement à un noble idéal.
Sentiment religieux pur.
Sentiment religieux égoïste.
2. Sentiment religieux mélangé de crainte.
Intellectualité la plus haute.
Intellectualité forte.
Type inférieur d'intellectualité.
Orgueil.
3. Sympathie.
Amour pour l'humanité.
Affection élevée et désintéressée.
Affection égoïste.
Affection pure.
4. Adaptabilité.
Jalousie.
Fourberie.
Peur.
Dépression.
5. Egoïsme.
Avarice.
Colère.
Sensualité.
Méchanceté.

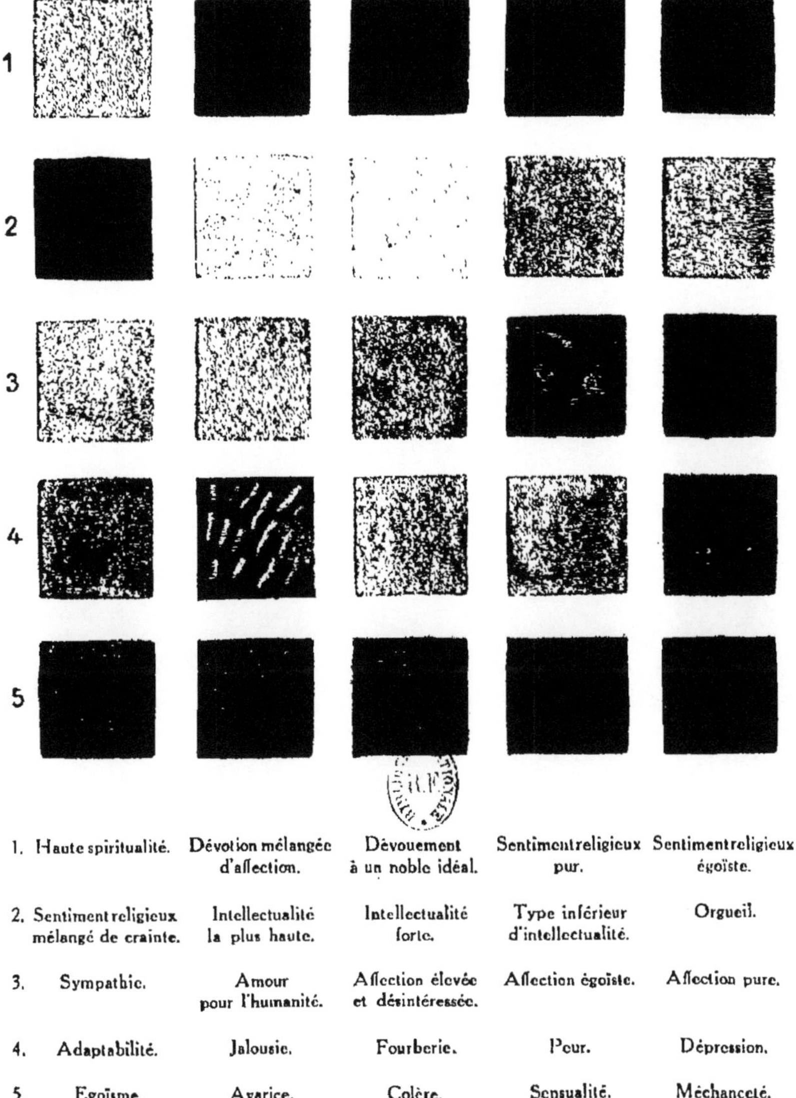

Pl. 1.

L'HOMME VISIBLE ET INVISIBLE

CHAPITRE PREMIER

COMMENT LES CONNAITRE

L'homme est un être étrangement complexe, et son évolution passée, présente et future forme une étude d'un inépuisable intérêt pour qui sait voir et comprendre. Par quelles éternités laborieuses de développement graduel est-il devenu ce qu'il est ? Quel degré a-t-il actuellement atteint sur la longue échelle, image de son progrès ? Quelles possibilités de progrès nouveaux nous dérobe encore le voile de l'avenir ? Autant de questions auxquelles bien peu d'hommes peuvent demeurer indifférents et qui, au cours des âges, se sont posées à tout homme pour peu qu'il eût pensé.

Les réponses fournies, dans notre monde occidental, ont été nombreuses et variées : on a énoncé bien des assertions dogmatiques, basées sur des interprétations différentes de la révélation alléguée ; on a édifié maintes spéculations ingénieuses, fruit, en certains cas, d'un raisonnement métaphysique serré. Toutefois, le dogmatisme nous offre une histoire qui est, en réalité, manifestement impossible, tandis que la spéculation suit la plupart du temps une voie entièrement matérialiste et s'efforce d'atteindre un résultat satisfaisant en tenant pour nuls et non avenus la moitié des phénomènes dont nous avons à tenir compte. En somme, ni le dogmatisme, ni la spéculation n'abordent le problème à un point de vue pratique, comme une question susceptible d'être étudiée et scrutée de même que toute autre science.

La Théosophie préconise une théorie basée sur des assises toutes différentes ; sans méconnaître, en aucune façon, la valeur des connaissances qu'on peut acquérir soit par l'étude des écritures anciennes, soit par le raisonnement philosophique, elle considère cependant la constitution et l'évolution de l'homme comme ressortissant de la simple investigation et non de la spéculation, comme étayables sur des faits précis et non sur de vagues théories. Ses déclarations sont parfaitement claires : le passé, le présent et l'avenir de l'homme peuvent être examinés directement par quiconque veut bien se donner la peine de se préparer à cette étude. Envisagée à ce point de vue, la destinée humaine se manifeste comme faisant partie d'un vaste schéma, magnifique, cohérent et aisément compréhensible, qui s'accorde avec les antiques enseignements religieux et les explique, mais qui n'est aucunement sous leur dépendance ; on peut en effet le vérifier dans toutes ses parties par l'usage des facultés internes qui, si elles sont encore latentes dans la plupart des hommes, ont déjà été mises en usage par un nombre considérable de nos étudiants.

En ce qui concerne l'histoire du passé de l'homme, cette théorie s'appuie non seulement sur le témoignage concordant de la tradition des religions primitives, mais encore sur l'examen d'archives bien distinctes : ces archives peuvent êtres vues et consultées par quiconque possède le degré de clairvoyance nécessaire pour enregistrer les vibrations de la matière extrêmement subtile où elles sont imprimées.

Quant à l'avenir réservé à notre humanité, les connaissances réunies par cette théorie procèdent : 1° de déductions logiques tirées du caractère des progrès déjà accomplis ; 2° d'informations directes données par des hommes déjà parvenus à des conditions qui, pour la plupart d'entre nous, constituent un état à à venir, plus ou moins lointain ; 3° des comparaisons que tous ceux qui ont le privilège de les approcher peuvent établir entre les hommes parvenus à divers degrés d'une évolution avancée. Nous imaginons facilement qu'un enfant puisse, sans autre connaissance des lois de la nature, se rendre compte qu'il grandira et deviendra un homme, par le seul fait qu'il a déjà grandi dans une certaine mesure et qu'il voit autour de lui d'autres enfants et jeunes gens parvenus à chacun des degrés de croissance qui le séparent de l'état adulte.

L'étude de la condition actuelle de l'homme, — des méthodes immédiatement applicables pour favoriser son évolution et des effets produits sur cette évolution par ses pensées, ses émotions et ses actions — représente pour l'étudiant théosophe un domaine de recherches où il convient de faire application tout d'abord de lois bien connues à titre de principe général, et de procéder ensuite à l'observation soigneuse et à la comparaison laborieuse de cas particuliers nombreux, afin de comprendre l'opération de ces lois dans le détail. En fait, cette étude est une simple question de voyance, et ce livre est publié dans le double espoir d'aider l'étudiant sérieux, qui ne possède pas encore cette faculté, à comprendre comment l'âme et ses véhicules apparaissent au clairvoyant et en outre d'aider le grand nombre de personnes, qui commencent à exercer plus ou moins parfaitement cette faculté, à comprendre la *signification* de ce qu'elles voient.

Je sais fort bien que le monde en général est encore loin d'être convaincu que cette faculté de la clairvoyance existe ; mais je sais aussi que tous ceux qui ont réellement étudié la question ont trouvé une irrésistible évidence en sa faveur : nous pouvons donc nous permettre de tenir pour nulles les convictions si positives généralement exprimées, avec tant de véhémence, par ceux qui ne l'ont *pas étudiée.* Je prétends que toute personne intelligente, qui prendra la peine de lire les histoires relatées dans mon petit livre sur « la Clairvoyance » — histoires dont l'authenticité est prouvée — et de se reporter aux ouvrages d'où elles sont extraites, verra immédiatement qu'il existe une quantité considérable de témoignages en faveur de la réalité de cette faculté. Pour ceux qui peuvent voir par eux-mêmes et qui pratiquent journellement cette vision supérieure de cent manières différentes, les dénégations de la majorité ignorante qui en conteste la possibilité semblent naturellement ridicules ; pour le clairvoyant, en effet, il n'y a point là matière à discussion ! Si un aveugle vient nous assurer que la vue physique ordinaire n'existe pas et que nous nous illusionnons en croyant posséder cette faculté, nous jugerons probablement nous aussi qu'il ne vaut pas la peine de discuter longuement pour défendre notre soi-disant illusion ? Nous dirons simplement : « *Je vois*, cela est hors de doute ; il est donc inutile d'essayer de de me persuader que je ne vois pas ; l'expérience journalière me prouve le contraire. Je décline toute discussion des faits positifs dont je possède la connaissance bien définie. » C'est précisément ainsi que pense le clairvoyant entraîné quand des ignorants pleins de sérénité déclarent imaginaire et impossible la clairvoyance dont il fait usage, au moment même, pour lire les pensées des prétendus sages qui la lui contestent.

Je ne chercherai donc pas à prouver dans ce livre la réalité de la clairvoyance : je la considère comme démontrée et je passe à la description de ce qu'elle permet de voir. Je ne répéterai pas ici les détails donnés sur les méthodes de clairvoyance dans le petit livre que j'ai déjà cité; je m'en tiendrai à l'exposition succincte des principes généraux absolument nécessaire pour rendre le présent ouvrage compréhensible au lecteur étranger à toute notion théosophique.

CHAPITRE II

LES PLANS DE LA NATURE

Avant même d'énoncer les principes généraux, il est nécessaire, tout d'abord, d'expliquer quelques-uns des faits découverts au moyen de cette faculté de clairvoyance. Le premier point, qui doit être clairement compris, est cette merveilleuse complexité de l'Univers qui nous entoure... le fait qu'il renferme considérablement plus de choses qu'il n'en vient dans le champ de la vision ordinaire.

Nous savons tous que la matière existe dans différentes conditions, et qu'il est possible de changer ces conditions par des variations de pression et de température. Nous avons trois états de matière bien connus, les solides, les liquides, les gaz, et la science nous démontre que, sous certaines variations adéquates de température et de pression, toutes les substances peuvent exister dans ces trois conditions. Il y a encore, je pense, quelques substances que les chimistes n'ont pas réussi à réduire d'un état à l'autre; mais on croit généralement que, tout comme l'eau peut être changée en glace à une basse température et en vapeur à une température élevée, de même tous les solides que nous connaissons pourraient devenir, sous certaines conditions, liquides ou gazeux, tout liquide pourrait devenir solide ou gazeux, tout gaz pourrait être liquéfié et même solidifié. Nous savons que l'air lui-même a été liquéfié, et que quelques autres gaz ont été réduits en une masse solide.

La chimie occulte nous montre une autre condition plus élevée que celle des gaz, et dans laquelle toutes les substances connues peuvent être réduites ou transmuées ; nous l'appelons la condition éthérique. La chimie occulte trouve que ce que la science entend par éther n'est pas une matière homogène, mais simplement un autre état de la matière, que ce n'est pas un nouveau genre de substance, mais de la matière ordinaire réduite à un état particulier. Nous pouvons avoir, par exemple, de l'hydrogène dans sa condition éthérique au lieu de sa condition gazeuse; nous pouvons avoir l'or, l'argent ou tout autre élément comme solide, liquide, gaz, ou dans cet autre état plus subtil que nous appelons éthérique. Aussi bien que nous trouvons dans notre monde quelques éléments normalement solides, comme l'or ; d'autres normalement liquides, comme le mercure ; d'autres normalement gazeux, comme l'oxygène ; il existe, de même, des substances qui sont normalement éthériques et qui existent habituellement dans cette condition, — il est vrai que, par un traitement spécial, elles peuvent être ramenées à la condition gazeuse ou élevées à quelque état plus subtil encore.

La science ordinaire parle couramment d'un atome d'oxygène, d'un atome d'hydrogène, d'un atome de l'une quelconque des soixante ou soixante-dix substances que les chimistes appellent éléments ; théoriquement, aucun de ces éléments ne peut être réduit davantage, et chacun de ces éléments a ses propres atomes ;..... et un atome, si nous lui donnons la signification de la racine grecque de ce mot, veut dire ce qui ne peut être coupé ou subdivisé davantage. La science occulte nous dit que bien des hommes de science ont fréquemment suspecté ces soi-disant éléments de n'être point des éléments dans le sens exact du mot ; que ce que nous appelons un atome d'oxygène ou d'hydrogène n'est point le degré ultime et, de fait, point un atome du tout, mais une molécule qui, sous certaines conditions, peut être brisée en atomes. En répétant ce processus de séparation on arrive éventuellement à un nombre infini d'atomes physiques définis qui sont tous semblables ; il y a donc une substance à la base de toutes les substances, et des combinaisons diverses de ces atomes ultimes nous donnent ce que la chimie appelle des atomes d'oxygène ou d'hydrogène, d'or ou d'argent, de lithium ou de platine... Quand tous ces soi-disant atomes sont subdivisés, nous en arrivons à un groupe d'atomes qui sont tous identiques, à la seule exception près que les uns sont positifs et les autres négatifs.

L'étude de ces atomes et des possibilités de leurs combinaisons est, en elle-même, d'un profond intérêt, quoique étranger à notre sujet présent ; et ceux qui s'y sentent spécialement attirés, feront bien de lire l'article de Mme Besant sur « la Chimie Occulte », dernier chapitre de « la Sagesse Antique ».

Ces atomes, cependant, ne sont atomes ultimes qu'au seul point de vue de notre plan physique ; c'est-à-dire qu'il y a des méthodes par lesquelles ils peuvent être subdivisés ; mais, lorsqu'ils sont brisés ainsi, ils nous donnent une matière appartenant à une région différente de la nature,... matière qui n'est plus expansive ou contractible à quelque degré de chaleur ou de froid que nous la soumettions. Cette matière subtile n'est point simple non plus, mais complexe ; et nous trouvons qu'elle existe aussi dans une série d'états à elle propres, correspondant à peu près aux états de la matière physique que nous appelons solides, liquides, gaz ou éthers. En continuant, plus avant, notre processus de subdivision nous arrivons à un autre atome,... l'atome de cette région de la nature que les occultistes ont appelée le Monde Astral.

Le processus peut être répété encore : car, en subdivisant cet atome astral nous nous trouvons en présence d'un autre monde plus élevé et plus subtil, quoique toujours matériel. Une fois de plus nous trouvons de la matière existant dans des conditions bien définies et à des états différents correspondant à ce niveau très élevé ; le résultat final c'est que nos investigations nous conduisent une fois de plus à un atome... l'atome de cette troisième grande région de la nature que la Théosophie appelle le Monde Mental. Autant que nous pouvons le savoir, il n'y a pas de limite à cette possibilité de subdivision, il n'y a de limite réelle que pour nos capacités d'observation. Nous en savons assez, cependant, pour être certains de l'existence d'un nombre considérable de régions différentes, chacune étant, dans un certain sens, un monde en lui-même, et, dans un sens autre et plus large, nous voyons que toutes ces régions forment les parties d'un tout prodigieux.

Dans notre littérature, ces différentes régions de la nature sont souvent appelées des plans ; dans notre étude il est utile parfois de les figurer les uns audessus des autres, suivant les différents degrés de densité de la matière dont ils sont composés. Ils sont dessinés ainsi sur le diagramme ci-contre (planche II);

mais il faut bien se rendre compte que cet arrangement n'est adopté que par convenance et comme un symbole, et que, dans aucun cas, il ne représente les relations actuelles de ces divers plans. Il ne faut pas s'imaginer qu'ils sont superposés comme les tablettes d'une bibliothèque, mais plutôt qu'ils remplissent tous le même espace, s'interpénétrant les uns les autres.

Il est un fait bien reconnu dans la science, que, même dans les substances les plus denses, jamais deux atomes ne se touchent ; chaque atome a toujours son champ d'action et de vibration, chaque molécule, à son tour, possède un champ encore plus grand ; de sorte qu'il y a toujours de l'espace entre ces atomes ou ces molécules, et cela dans toute circonstance possible. Chaque atome physique est baigné dans une mer astrale,... une mer de matière astrale, qui l'environne et remplit tous les interstices de cette matière physique. Il est universellement reconnu que l'éther interpénètre toutes les substances connues, le solide le plus dense comme le gaz le plus raréfié ; et tout comme il se meut, en toute liberté, entre les particules de la matière la plus dense, de même la matière astrale l'interpénètre à son tour et se meut, en toute liberté, parmi ses particules. La matière mentale, à son tour, interpénètre l'astrale dans les mêmes conditions. Ces différentes régions de la nature ne sont donc, en aucun cas, séparées dans l'espace ; elles existent toutes autour et auprès de nous, de sorte que, pour les voir ou les étudier, il n'est point nécessaire de nous mouvoir dans l'espace : il suffit d'éveiller en nous-mêmes les sens au moyen desquels elles peuvent être perçues.

CHAPITRE III

CLAIRVOYANCE

Nous en arrivons à une autre considération très importante. Toutes ces variétés de matière subtile n'existent pas seulement dans le monde du dehors, mais aussi dans l'homme lui-même. Celui-ci ne possède pas seulement le corps physique que nous voyons, mais il a encore, en dedans de lui, ce que nous pouvons décrire comme des corps appropriés aux divers plans de la nature et composés chacun de la matière de ces plans. Le corps physique de l'homme contient de la matière éthérique aussi bien que la matière solide que nous pouvons voir [1] ; et le clairvoyant peut voir cette matière éthérique. Dans le même ordre d'idées, un clairvoyant plus développé, et capable de percevoir la matière subtile du plan astral, verrait, à ce niveau, l'homme représenté ou composé par de la matière de ce plan et ce serait en réalité son corps ou véhicule approprié à ce plan. Il en est de même pour le plan mental. L'âme de l'homme n'a pas un seul corps, mais plusieurs ; et, quand celui-ci est suffisamment évolué, il devient capable de s'exprimer sur tous ces niveaux divers de la nature ; il est donc pourvu d'un véhicule appro-

1. Voir planches XXIV et XXV.

prié composé de la matière de chacun d'eux, et c'est par ces divers véhicules qu'il lui est possible de recevoir les impressions des mondes auxquels ils appartiennent.

Il ne faudrait pas croire que l'homme crée lui-même ces véhicules pour les besoins de son évolution future, car chaque homme les possède depuis le commencement, quoiqu'il ne soit pas conscient de leur existence. Nous employons constamment, dans une certaine mesure, cette matière subtile qui est en nous-mêmes et cela bien inconsciemment. Chaque fois que nous pensons, nous mettons en mouvement la matière mentale qui nous pénètre ; un clairvoyant verra clairement cette pensée comme une vibration de cette matière s'exprimant, tout d'abord, à l'intérieur de l'homme, puis affectant peu à peu la matière d'égale densité dans le monde qui l'entoure. Mais, avant que cette pensée ne soit perçue sur le plan physique, elle doit être transférée de la matière mentale à la matière astrale ; et, lorsqu'elle a provoqué des vibrations semblables dans celle-ci, la matière astrale, à son tour, affecte la matière éthérique en y créant des vibrations sympathiques, et cette matière, à son tour, agit sur la matière dense du plan physique, la matière grise du cerveau.

Ainsi, chaque fois que nous pensons, nous provoquons un processus bien plus long que nous ne pouvions nous l'imaginer ; de même, chaque fois que nous éprouvons une sensation quelconque, nous traversons un processus dont nous sommes presque inconscients. Nous touchons quelque substance, nous la trouvons brûlante et nous retirons la main instantanément, croyons-nous. Mais la science nous apprend que cette opération n'est pas instantanée, et que cen'est pas la main qui sent, mais le cerveau; que les nerfs communiquent l'idée de chaleur intense au cerveau, qui aussitôt télégraphie cette impression par le système nerveux et provoque le retrait de la main. Ce qui nous semble immédiat n'est donc qu'un résultat graduellement provoqué. L'opération a même une durée définie qui peut être mesurée avec des instruments suffisamment délicats ; la vitesse de ce mouvement est bien connue des physiologistes. Dans le même ordre d'idées, la pensée semble être une opération instantanée; mais elle ne l'est pas, car chaque pensée doit traverser les stades que j'ai décrits. Chaque impression, transmise à notre cerveau par les sens, doit se propager par ces degrés variés de matière avant d'atteindre l'homme vrai, l'Ego, l'âme qui est en lui.

Nous avons ici une espèce de système télégraphique entre le plan physique et l'âme ; et il est nécessaire de comprendre que cette ligne télégraphique a des stations intermédiaires. Les impressions ne sont pas seulement reçues du plan physique ; la matière astrale qui est en l'homme, par exemple, n'est pas seulement capable de recevoir une vibration de la matière éthérique et de la transmettre à la matière mentale, mais elle peut aussi enregistrer des impressions provenant de son propre plan et les transmettre par le corps mental à l'Ego. Ainsi l'homme peut se servir de son corps astral pour recevoir des impressions et enregistrer des observations du monde astral qui l'entoure ; de la même manière il pourra se servir de son corps mental pour explorer le plan mental et en obtenir des informations. Mais, dans l'un et l'autre cas, il devra, tout d'abord, apprendre comment se font ces choses, c'est-à-dire qu'il devra apprendre à centrer sa conscience dans le corps astral ou dans le corps mental, comme elle est actuellement localisée dans le cerveau physique. J'ai déjà traité ce sujet en détail dans mon petit livre sur *la Clairvoyance* ; il n'est donc pas utile que j'y revienne ici.

Quoique la science ne soit pas encore disposée à admettre l'existence de ces divers plans ou degrés de matière dans la nature, il n'y a rien dans cette hypothèse qui soit contradictoire à ses enseignements. Il faudrait bien se rappeler que tout cela est un sujet de connaissance directe et de certitude pour ceux qui ont pris l'habitude de l'étudier, quoiqu'il ne soit présenté au monde que comme une hypothèse. En préconisant cette hypothèse à celui qui aborde ce sujet pour la première fois, nous sommes loin de lui demander la foi du charbonnier, nous l'invitons simplement à étudier un système. Les degrés élevés de la matière suivent dans un ordre méthodique ceux que nous connaissons déjà, de sorte que si, dans un certain sens, chaque plan peut être considéré comme un monde en lui-même, il est aussi vrai de dire que l'ensemble de tous ces plans constitue un monde encore plus grand, qui ne peut être vu, dans son entier, que par les âmes très hautement développées.

Pour nous aider à bien faire comprendre le sujet, nous allons prendre un exemple, lequel, s'il est irréalisable, peut nous être utile en suggérant tout au moins une hypothèse étonnante. Supposons qu'au lieu de l'organe de la vue que nous possédons, nous ayons un appareil visuel arrangé différemment. Dans l'œil humain nous avons de la matière solide et de la matière liquide ; supposons que chacun de ces états de matière soit capable de recevoir des impressions séparées, mais chacun seulement du type de matière qui se trouve dans l'ambiance et auquel il correspond. Supposons aussi que, parmi les hommes, les uns possèdent le premier de ces types de vision, les autres le second. Chacun de ces deux types d'homme aurait, de notre monde, une conception aussi curieuse qu'imparfaite. Imaginons maintenant que deux représentants de l'un et de l'autre type soient arrêtés sur une rive escarpée de la mer; le premier, ne pouvant voir que la matière solide, serait complètement inconscient de l'océan qui se déroule devant lui, mais verrait, par contre, la vaste cavité formée par le lit de l'océan avec toutes ses inégalités; les poissons et autres habitants des profondeurs lui apparaîtraient comme flottant dans l'air au-dessus de cette énorme vallée. S'il y avait quelques nuages au ciel, ils lui seraient entièrement invisibles, car ils sont composés de matière dans l'état liquide; pour lui, le soleil brillerait constamment durant le jour, et il lui serait impossible de comprendre pour quelles raisons il émet parfois moins de chaleur, lorsque le ciel est couvert de nuages. Si un verre d'eau lui est offert, il lui semblera vide.

Comparons maintenant l'apparence que présenterait tout cela aux yeux d'un homme qui ne pourrait voir la matière que dans son état liquide. Il serait certes conscient de l'océan; mais, pour lui, la rive et les falaises n'existeraient pas; il percevrait parfaitement les nuages, mais ignorerait entièrement le paysage sur lequel ils se meuvent. Quant au verre d'eau, il n'en pourrait voir que le contenu, et il lui serait impossible de comprendre par quel miracle le contenu d'eau a conservé la forme que lui a donnée le verre invisible.

Imaginons ces deux personnes l'une près de l'autre et décrivant chacune le paysage qu'elle voit, sérieusement convaincues, l'une et l'autre, qu'il ne peut y avoir dans l'univers un autre genre de vue que la leur et que tous ceux qui prétendent voir un peu plus ou d'une manière différente ne peuvent être que des rêveurs ou des trompeurs.

Nous pouvons sourire de l'incrédulité de ces observateurs hypothétiques ; mais il est excessivement difficile pour l'homme ordinaire de comprendre qu'en proportion de la totalité des choses qui peuvent être vues, son pouvoir visuel est aussi imparfait que l'un quelconque des deux types que nous venons de considérer. Lui aussi est sérieusement disposé à accuser ceux qui voient un peu plus que lui d'être le jouet de leur imagination ! Une de nos erreurs les plus communes est de considérer que la limite de notre pouvoir de perception est aussi la limite de tout ce que l'on peut percevoir. L'évidence scientifique est, aujourd'hui, indiscutable, et la proportion infinitésimale (en comparaison du tout) des groupes de vibration, qui seuls nous permettent de voir ou d'entendre, est un fait qui ne peut être mis en doute. Le clairvoyant est simplement un homme qui développe en lui le pouvoir de répondre à une autre octave de cette gamme prodigieuse des vibrations possibles, et qui devient capable ainsi de voir davantage de ce monde qui l'entoure que ceux dont la perception est plus limitée.

LES PLANS DE LA NATURE

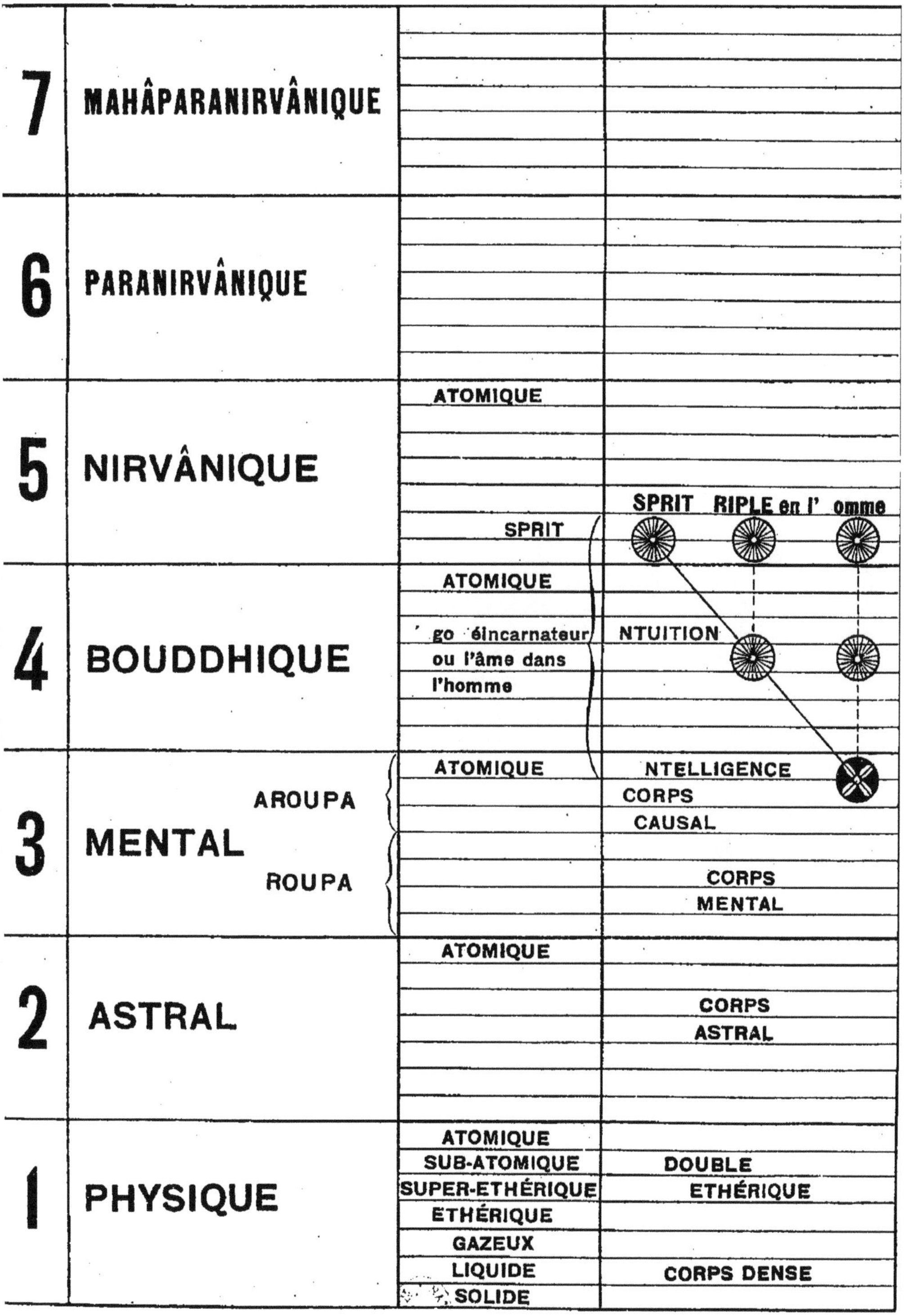

	Plan	Subdivisions	
7	MAHÂPARANIRVÂNIQUE		
6	PARANIRVÂNIQUE		
5	NIRVÂNIQUE	ATOMIQUE	
			SPRIT RIPLE en l' omme
		SPRIT	
4	BOUDDHIQUE	ATOMIQUE	
		' go éincarnateur ou l'âme dans l'homme	NTUITION
3	MENTAL — AROUPA	ATOMIQUE	NTELLIGENCE
			CORPS CAUSAL
	MENTAL — ROUPA		CORPS MENTAL
2	ASTRAL	ATOMIQUE	
			CORPS ASTRAL
1	PHYSIQUE	ATOMIQUE	
		SUB-ATOMIQUE	DOUBLE
		SUPER-ETHÉRIQUE	ETHÉRIQUE
		ETHÉRIQUE	
		GAZEUX	
		LIQUIDE	CORPS DENSE
		SOLIDE	

CHAPITRE IV

LES VÉHICULES DE L'HOMME

Si nous considérons la planche II, nous y voyons un diagramme représentant les plans de la nature et nous y trouvons aussi les noms employés pour désigner les véhicules ou corps de l'homme correspondant à ces plans. Il faut remarquer que les noms dont se sert la littérature théosophique pour désigner les plans élevés sont dérivés du sanscrit : en terminologie occidentale nous n'avons pas encore de mots pour ces mondes composés d'une matière aussi subtile. Chacun de ses termes a sa signification spéciale et, pour les plans les plus élevés, ils nous indiquent seulement combien peu nous connaissons ces conditions.

De tous temps le terme Nirvâna a été employé en Orient pour exprimer l'idée de la condition spirituelle la plus élevée que l'on puisse concevoir. Atteindre Nirvâna signifiait passer au delà de l'humanité, gagner un niveau de paix et de bonheur au delà de toute compréhension terrestre. L'aspirant à cette gloire ineffable abandonnait d'une façon si absolue, tout ce qui est de ce monde terrestre, que quelques orientalistes européens ont, à première vue, mais à tort, supposé que cette condition était l'annihilation entière de l'homme — idée aussi éloignée

2

que possible dans la vérité. Pour acquérir la pleine jouissance de cette condition spirituelle si élevée, il faut approcher du but que l'évolution humaine doit atteindre dans la période actuelle ou œon — il faut devenir un Adepte, un homme qui est quelque chose de plus qu'un homme.

Pour la grande majorité de l'humanité un progrès semblable ne sera pas atteint avant des cycles d'évolution ; mais les quelques âmes déterminées qui ne se laissent pas arrêter par les difficultés, qui, si je puis m'exprimer ainsi, prennent le Royaume céleste par la violence, pourront acquérir ce glorieux résultat dans une période de temps bien plus rapprochée.

Nous ne connaissons rien des états de conscience supérieurs[1], sauf qu'ils existent : « Para » signifie « au delà » et « Maha » veut dire « grand » ; les noms de ces conditions nous apprennent donc que le premier signifie « au delà de Nirvâna », et le deuxième « le grand plan au delà de Nirvâna ». Cela nous montre que ceux qui ont choisi ces termes il y a des milliers d'années, n'avaient pas plus que nous d'informations précises sur ces plans, ou que, s'ils en s'avaient davantage, ils n'ont pu trouver de mots pour exprimer leur signification.

Le nom de Bouddhi a été donné à ce principe, ou partie composante de l'homme, qui se manifeste dans la matière du quatrième plan ; le plan mental reste la sphère d'action de ce que nous appelons l'intelligence. Il faut observer que ce dernier plan est divisé en deux parties, désignées sur la planche par des couleurs différentes ; les noms « Roupa » et « Aroupa » signifient respectivement « ayant une

1. Paranirvanique et Mahaparanirvanique. (*Note de l'Editeur.*)

forme » et « sans forme ». Ces noms ont été donnés pour préciser la qualité de matière de ce plan ; dans sa partie inférieure, la matière est rapidement transformée en formes définies sous l'action de la pensée humaine ; il n'en est pas ainsi dans la division supérieure, où la pensée la plus abstraite s'exprime, aux yeux du clairvoyant, en éclairs ou jets de lumière. Des renseignements plus complets sur ce sujet se trouveront dans le sixième de nos manuels théosophiques [1].

Le mot « astral » n'est pas de notre choix ; nous l'avons hérité des alchimistes du moyen âge. Il signifie « étoilé », et nous supposons qu'il a été donné à la matière du plan immédiatement supérieur à notre plan physique, en raison de son apparence lumineuse associée à un rythme plus rapide de ses vibrations. Le plan astral est le monde des sensations, des émotions et des passions, et c'est par le véhicule de l'homme approprié à ce plan que tous ses sentiments se dévoilent au clairvoyant. Le corps astral de l'homme a donc une apparence continuellement changeante, suivant les émotions qu'il exprime ; nous en reparlerons plus loin avec plus de détails.

Dans notre littérature les plans inférieurs sont généralement représentés par certaines couleurs, suivant en cela la gamme que nous a donné H.-P. Blavatsky dans son ouvrage capital, *la Doctrine Secrète*, mais il faut bien se rendre compte que ces couleurs ne sont employées que comme marque distinctive,

1. *Le Plan mental*, par C.-W. LEADBEATER, 3e édition française.

qu'elles sont plutôt symboliques et ne prétendent nullement impliquer la prépondérance d'une tonalité particulière dans l'un quelconque de ces plans. Toutes les couleurs connues, et beaucoup d'autres qui ne le sont point encore, existent dans chacun de ces plans subtils de la nature ; mais, à mesure que nous nous élevons d'un stade à un autre, nous les trouvons toujours plus délicates, plus lumineuses, et nous pourrions les considérer comme faisant partie d'octaves plus élevés. Comme on le verra plus tard, nous avons essayé de reproduire cette idée dans la figuration des divers véhicules appropriés à ces plans.

On remarquera que ces plans sont au nombre de sept et que chacun d'eux est, à son tour, divisé en sept sous-plans. Ce nombre a toujours été considéré comme sacré et occulte, car il se trouve, en réalité, à la base de toute manifestation. Dans les plans inférieurs, qui sont à la portée de notre investigation, la subdivision septaire est très clairement marquée ; et toutes les indications recueillies semblent confirmer l'hypothèse que le même ordre se continue dans les régions supérieures, encore au-dessus de toute observation directe.

A mesure que l'homme apprend à fonctionner dans ces variétés subtiles de la matière, il arrive à surmonter l'une après l'autre les limitations de la vie inférieure. Il se trouve dans un monde à plusieurs dimensions, au lieu d'un monde à trois dimensions seulement ; et ce fait seul lui ouvre une série de possibilités entièrement nouvelles. L'étude de ces dimensions additionnelles est des plus attrayantes, et ceux qui s'y intéresseraient sérieusement feront bien de commencer par lire les deux volumes de l'admirable ouvrage de M. C.-H. Hinton, *Scientific Romances*[1].

Sans pour cela favoriser la vision des autres plans il n'est pas de méthode donnant une conception aussi nette de la vie astrale que celle que l'on obtient en comprenant bien cette quatrième dimension de l'espace.

Je n'ai pas l'intention, pour le moment, de décrire tout ce qui peut être acquis par la merveilleuse extension de conscience appartenant à ces plans élevés ; je l'ai déjà fait, en partie, dans un livre précédent. Nous n'avons, pour l'instant, à considérer qu'une ligne d'investigation, celle qui est reliée à la constitution de l'homme, et il nous faut étudier également comment celui-ci devenu ce qu'il est. L'histoire de son évolution antérieure ne peut être connue que par l'examen de ces archives ineffaçables du passé sur lesquelles tout ce qui a existé, depuis l'origine du système solaire, peut se reproduire et se dérouler devant les yeux de l'esprit ; l'observateur voit alors chaque chose comme s'il avait été présent au moment où elle s'est produite, avec cet énorme avantage en plus qu'il peut retenir devant ses yeux chaque scène en particulier, aussi longtemps que cela est nécessaire pour un examen approfondi, ou, s'il le désire, passer rapidement en revue les événed'un siècle entier. Cette réflection merveilleuse de la Mémoire divine ne peut être consultée, avec une parfaite certitude, au-dessous du plan mental ; pour faciliter la lecture de cette histoire du passé, il est nécessaire que l'étudiant sache, tout au moins, se

1. Sé trouve à la « Theosophical Publishing House ». Londres, W. C.

servir librement des sens de son corps mental ; et s'il est assez privilégié pour être devenu maître de ce corps plus subtil encore, de son corps causal, sa tâche en sera bien plus facile. Cette question des archives du passé a été traitée plus complètement dans mon petit livre sur *la Clairvoyance*, auquel je renvois le lecteur désireux d'étudier le sujet avec plus de détails.

CHAPITRE V

LA TRINITÉ.

Cherchons maintenant à comprendre comment l'homme est venu à l'existence au milieu de ce merveilleux système des plans de la nature.

Dans ce but nous sommes obligés de faire une diversion dans le domaine de la Théologie, et dans cette Théologie nous n'avons pas à rechercher les théories ou opinions pieuses, mais uniquement ce qui constitue une preuve ou un fait scientifique.

Quand nous compulsons ces annales en vue d'y découvrir l'origine de l'homme, que voyons-nous ? Nous trouvons que l'homme est la résultante d'un système évolutionnaire splendide et nettement élaboré, et qu'en lui semblent converger trois courants de la Vie divine. L'une des écritures sacrées du monde parle de Dieu comme ayant fait l'homme à son image, et, si l'on comprend bien cette affirmation, on verra qu'elle renferme une grande vérité occulte. Toutes les religions s'accordent à décrire la Divinité comme triple dans Sa manifestation ; on trouvera que l'âme de l'homme aussi est triple et qu'il y a une profonde relation entre ces faits.

Il faut bien s'entendre ici : nous ne parlons pas de l'Absolu, du Suprême et de l'Infini (car de Lui, naturellement, nous ne savons rien, si ce n'est qu'il existe), mais de la glorieuse manifestation de Celui qui est la grande Force dirigeante ou la Divinité de notre propre système solaire, de Celui qui est appelé dans notre philosophie le Logos du système. Toutes les prédications que nous avons pu entendre sur la Divinité, tout ce qu'on en dit de bon et de beau est vrai, quoique, si souvent, de nos jours, on Lui attribue ce qui n'est pas bon.

Ceux qui prétendent l'adorer Lui prêtent fréquemment leurs propres vices et commettent même l'impiété de l'accuser d'être jaloux, colère, vindicatif et cruel. Un blasphème aussi abominable peut sembler moins odieux dans la bouche d'un sauvage de l'Afrique centrale, qui n'a pas d'autres conceptions du pouvoir que celle qui s'exprime par une cruauté altérée de sang; mais il n'y a pas là l'ombre d'excuse pour les gens qui se prétendent civilisés, et ceux qui accusent ainsi la source de toute Bonté, de tout Amour, commettent un crime dont les tristes résultats ne peuvent être aisément calculés. Mais tout le bien que nous avons entendu dire de Dieu, — l'amour, la sagesse, la puissance, la patience et la compassion, l'omniscience, l'omniprésence, l'omnipotence, — tout cela, et bien plus encore, est vrai en ce qui concerne le Logos solaire, car, en vérité, c'est en Lui que nous avons la vie, le mouvement et l'être. Il faut bien tenir compte qu'en Théosophie nous ne faisons pas de cette vérité l'objet d'une opinion pieuse ou un article de foi ; pour l'investigateur clairvoyant, ce grand Être est une certitude définie, — non pas qu'un développement quelconque de l'homme puisse l'amener à Le voir en personne, mais, dès que nous étudions la vie sur les plans supérieurs, l'évidence indiscutable de Son action et du but qu'Il poursuit nous pénètre de toute part.

Tel qu'il se dévoile à nous dans son œuvre, le Logos solaire est, sans aucun doute, triple — trois et cependant un seul, comme la religion nous l'a depuis longtemps appris. Dans les anciennes formules de l'Église, il y a bien des choses sur ce sujet qui, à première vue, semblent presque incompréhensibles ; et cependant, à la lumière de l'enseignement théosophique, on voit que leur ensemble est une représentation remarquablement exacte et très belle de la vérité, quoique par-ci par-là quelques passages du matérialisme le plus dégradé y aient été intercalés. La vraie beauté du *Credo* d'Athanase, par exemple, ne peut être comprise que lorsqu'on étudie verset après verset et avec l'aide de diagrammes théosophiques.

Loin de nous la pensée de décrire explicitement cette manifestation divine, car elle est bien au-dessus de notre pouvoir de représentation et de compréhension ; quoi qu'il en soit, une faible partie de son action peut, jusqu'à un certain point, être mise à notre portée, si nous nous servons de quelques symboles simples, comme ceux figurés sur la planche II. On y verra que, dans le plan le plus élevé (le septième) de notre système, la triple manifestation de notre Logos est figurée par trois cercles représentant Ses trois aspects. Chacun de ces aspects semble avoir ses qualités et ses facultés propres. Dans son premier aspect, Il ne peut se manifester au-dessous du plan le plus élevé ; tandis que, dans le deuxième aspect, Il a le pouvoir de descendre dans le plan immédiatement inférieur (le sixième plan) et d'attirer autour de Lui de la matière de ce plan ; en se manifestant ainsi, Il est devenu, en quelque sorte, différent du premier aspect dont Il émane. Dans le troisième aspect, Il descend jusqu'à la partie supérieure du cinquième plan et attire à Lui de la matière correspondant à ce niveau, c'est ce que nous appellerons la troisième manifestation. Il faut observer que ces trois manifestations sur leurs plans respectifs sont entièrement distinctes l'une de l'autre, et cependant il nous suffira de suivre les lignes pointillées pour nous persuader que ces personnes distinctes ne sont en réalité que des aspects de l'Un. Elles sont bien distinctes, si nous les considérons comme personnes, chacune sur son propre plan ; diagonalement, elles n'ont aucune liaison apparente, et cependant chacune d'elles est reliée perpendiculairement à Lui, à ce niveau supérieur où ces Trois ne sont qu'Un.

Nous comprenons maintenant l'insistance que met l'Eglise à dire « que la foi catholique consiste à adorer un seul Dieu dans la Trinité, et la Trinité dans l'Unité, sans jamais confondre les personnes ni séparer la substance », — c'est-à-dire ne jamais confondre, dans notre esprit, l'œuvre et les fonctions des trois manifestations distinctes, chacune sur son propre plan, et cependant ne jamais oublier l'Unité Éternelle de la « substance », qui forme la base de toute chose sur le plan supérieur.

Il est instructif ici de se rendre compte de la vraie signification du mot personne. Il est composé des deux mots latins *per* et *sona* et signifie donc « ce par quoi le son vient », — le masque de l'acteur romain destiné à désigner la partie du rôle qu'il est en train de jouer. Nous appelons de même « personnalité » la série des véhicules inférieurs et temporaires que prend l'âme lorsqu'elle descend en incarnation. Il en est de même des manifestations distinctes de l'Un sur les divers plans : elle sont à juste titre, considérées comme des personnes.

Nous voyons alors comment on peut dire : « Autre est la personne du Père, autre celle du Fils, autre celle du Saint-Esprit ; mais la Divinité du Père, du Fils et du Saint-Esprit est une, leur gloire est égale et leur majesté coéternelle ». En réalité, les manifestations sont distinctes, chacune sur son propre plan, et, conséquemment, l'une semble inférieure à l'autre ; et cependant nous n'avons qu'à remonter au septième plan pour comprendre que, « dans cette Trinité, il n'y a rien d'antérieur ni de postérieur, de plus grand ni de plus petit, mais trois personnes égales et coéternelles ». De même « chaque personne est par elle-même Dieu et Seigneur... Et cependant il ne sont pas trois Dieux, trois Seigneurs, mais un seul Dieu, un seul Seigneur. »

Combien clair et lumineux devient l'exposé des attributs du deuxième aspect du Logos et de sa descente dans la matière. Il y a pour cela une autre signification, plus large encore, comme on le verra par la planche III ; mais ce qui est vrai pour cette sublime descente du Logos dans la matière l'est aussi pour celle dont nous venons de parler ; car, lorsque nous envisageons l'aspect de cette deuxième personne de la Trinité sur le plan le plus élevé comme la Divinité essentielle animant la manifestation dans une matière relativement inférieure, quoique encore bien au delà de notre portée, nous voyons combien Il est « Dieu par la substance de son Père, engendré avant les mondes (ou siècles), mais homme par la substance de sa mère, né dans le monde (ou siècle) ».

Ou bien, comme un aspect du Divin, il existait avant le système solaire ; mais sa manifestation dans la matière du sixième plan ne se fit que durant l'existence de ce système.

Ainsi, « bien qu'il soit Dieu et homme, Il n'est point deux, mais un seul Christ ; un seul, non par le changement de sa divinité en chair, mais par l'assomption de son humanité en Dieu ». Un seul, c'est-à dire, non seulement à cause de l'Unité essentielle, mais en vertu de son pouvoir glorieux de ramener à lui tout ce qui a été acquis par cette descente dans la matière inférieure. Mais ceci concerne plus spécialement la descente divine, plus sublime encore, que nous avons figurée sur la planche III.

Le plus grand schisme qui se soit jamais produit dans l'Église chrétienne est celui des branches de l'Orient et de l'Occident, des Églises grecque et romaine. Bien qu'en réalité les considérations politiques et financières aient prédominé dans cette séparation, la raison doctrinale qui a servi de prétexte a été la corruption supposée de la vérité, faite au concile de Tolède, en l'an 589, par l'introduction dans le *Credo* du mot *filioque*. La question se résumait à ceci : Le Saint Esprit procède-t-il du Père seul, ou du Père et du Fils ? — Dans l'intérêt de l'union de ces Églises, une question aussi subversive aussi éloignée de toute connaissance humaine, aurait bien pu être mise de côté ; mais la controverse théologique s'est toujours exercée avec le plus d'emportement dans les problèmes les plus obscurs, les moins importants et les moins intéressants. Notre diagramme nous permet de voir le nœud de la question, et, de plus, il nous montre, d'une façon assez curieuse, que les deux antagonistes avaient raison et

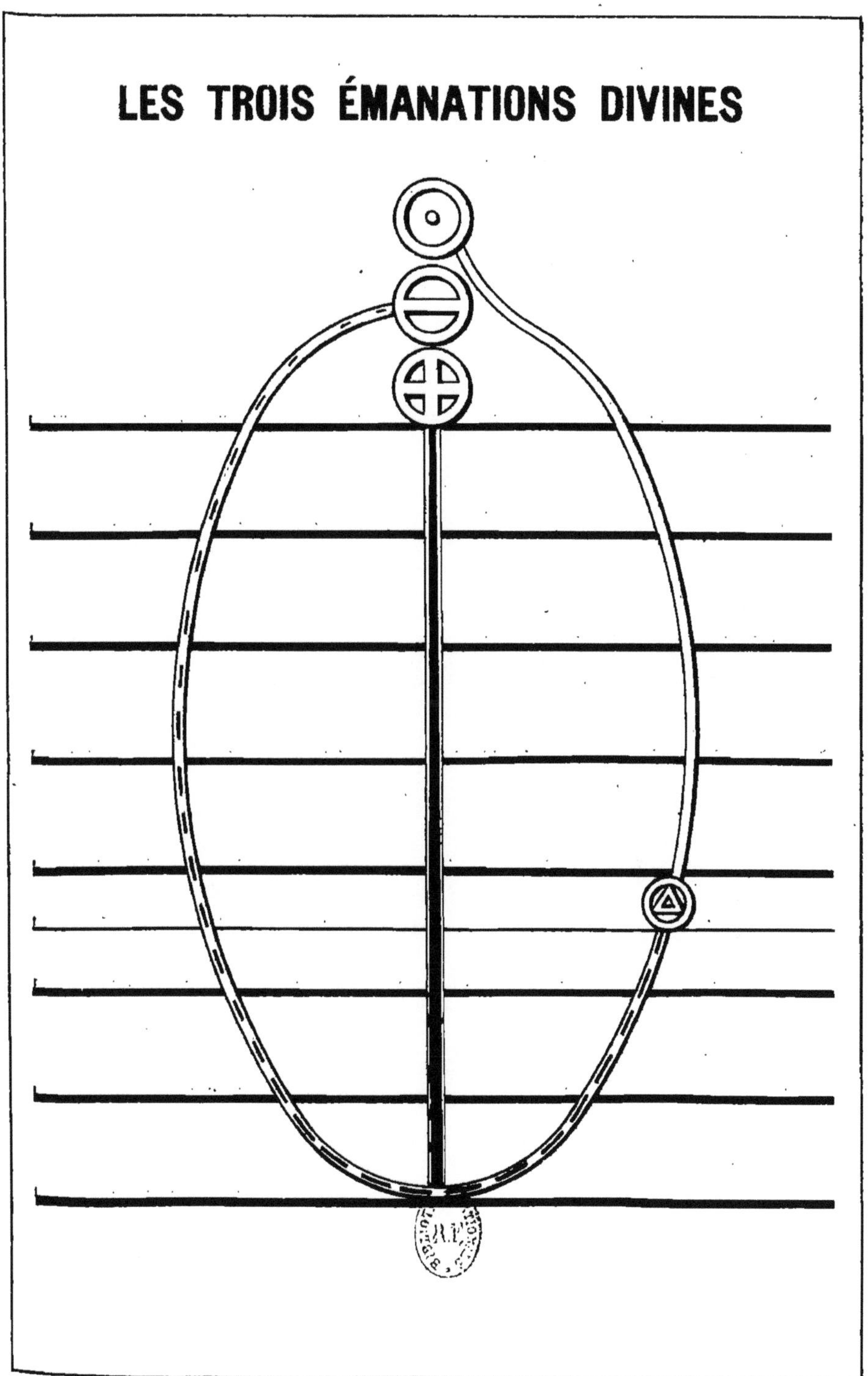

III.

que, s'ils eussent compris le sujet, il n'y aurait pas eu matière à schisme.

L'Église romaine soutenait raisonnablement qu'il ne pouvait y avoir de manifestation d'une Force venant du septième plan et s'exerçant sur le cinquième, sans qu'elle ait laissé de trace de son passage dans le plan intermédiaire, le sixième ; aussi affirmait-elle que le Saint-Esprit procédait du Père et du Fils. L'Église grecque, d'autre part, s'en tenait absolument à la distinction des trois manifestations, et, à juste titre, elle protestait contre toute théorie de procession[1] de la première manifestation à travers la seconde ; c'est ce que nous pourrions figurer sur notre diagramme par une diagonale tirée à travers la première, la seconde et la troisième manifestations. La ligne pointillée, figurée à la droite de la planche II, montrant comment le troisième aspect de la Divinité descend à travers les plans et se manifeste finalement dans le cinquième, est en somme la clé de la solution du Problème ; elle nous montre l'harmonie absolue entre les deux opinions divergentes.

En comparant la triade de l'âme humaine avec la Trinité en manifestation au dessus d'elle, on peut se rendre compte de quelle merveilleuse façon l'homme est fait à l'image de Dieu. Les conceptions orthodoxes étaient d'un matérialisme si étonnant que ce texte a été littéralement interprété comme se référant au corps physique de l'homme, et a donné à penser que Dieu créa le corps de l'homme d'une forme

1. On appelle, en termes théologiques, procession du Saint-Esprit, la production éternelle du Saint-Esprit qui procède du Père et du Fils. E. Littré (*Dictionnaire*).

qu'il prédit être celle que le Christ choisirait pour son usage lorsqu'il viendrait sur terre... C'est bien là un remarquable exemple de confusion mentale, surtout chez un théologien.

Un regard jeté sur la planche II nous montre de suite la vraie signification de ces mots. Ce n'est pas le corps physique de l'homme, mais la constitution de son âme, qui reproduit, avec une exactitude merveilleuse, la méthode de la manifestation divine. Tout comme les trois aspects du Divin sont figurés dans le septième plan, de même l'Étincelle divine de l'esprit en l'homme présente sa triple apparence dans le cinquième plan. Dans les deux cas, le deuxième aspect du Divin a la possibilité de descendre dans le plan immédiatement inférieur et de s'envelopper de la matière de ce plan ; dans les deux cas, son troisième aspect peut franchir deux plans selon le même processus. Ainsi, dans l'un et l'autre cas il y une Trinité dans l'Unité..... distincte dans ses manifestations, mais en réalité unique.

Pour le moment, nous allons en rester à ce fait, que chacun des trois Aspects ou Personnes ou Manifestations du Logos a son rôle spécial à jouer dans la préparation et le développement de l'âme. A l'aide du diagramme de la planche III nous allons chercher à expliquer quels sont ces rôles. Comme sur la planche II les subdivisions horizontales désignent les plans ; au-dessus d'eux sont figurés trois symboles appartenant à la série décrite par H.-P. Blavatsky dans *la Doctrine Secrète*. Le plus élevé représente le premier aspect du Logos et ne porte qu'un point central, signifiant la manifestation primordiale de notre système. Le deuxième aspect du Logos est symbolisé par un cercle divisé par un diamètre, c'est l'expression de la double manifestation associée toujours avec la deuxième Personne de l'une quelconque des Trinités ; le cercle inférieur contient la croix grecque, l'un des symboles le plus commun de leur troisième aspect.

CHAPITRE VI

LES PREMIÈRES ÉMANATIONS DIVINES

C'est par l'action de ce troisième aspect du Logos que se produit le premier mouvement vers la formation du système. Avant ce mouvement il n'existait rien, sauf les états atomiques de la matière correspondant à chacun des plans de la nature ; aucune des agrégations ou combinaisons qui donnent naissance à leurs sous-plans inférieurs n'avait encore été formée. Mais dans le sein de la matière vierge (la véritable Vierge Marie) se déverse le Saint Esprit, le Dispensateur de la Vie, comme le désigne le symbole de Nicée ; par l'action de sa glorieuse vitalité, les atomes sont éveillés et doués de nouveaux pouvoirs d'attraction et de répulsion ; c'est ainsi que se forment les subdivisions inférieures de chaque plan. On verra que ce processus est symbolisé sur le diagramme par une ligne descendant directement du cercle inférieur à travers tous les plans, et devenant de plus en plus large et foncée ; elle nous montre que l'Esprit Divin, au fur et à mesure de sa descente dans la matière, se voile de plus en plus, jusqu'au point où l'on ne puisse même plus le reconnaître comme divin.

Cette force vivante n'en est pas moins toujours présente, même lorsqu'elle se confine dans les formes les plus inférieures. Les expériences récentes du professeur von Schrön, à Naples, ont prouvé, jusqu'à l'évidence, l'existence de la vie dans le règne minéral et démontrent ainsi, d'une façon merveilleuse, l'action de la première et de la deuxième de ces grandes émanations successives de la Vie Divine.

Dans cette matière ainsi vivifiée se déverse, à son tour, la deuxième grande émanation de la Vie Divine. La Deuxième Personne de la Trinité prend forme (et se manifeste), non pas seulement dans la matière « vierge » et improductive, mais aussi dans celle qui déjà palpite de la vie de la troisième Personne ; ainsi donc la vie et la matière lui servent à la fois de vêtement, et l'on peut dire qu'elle est « née du Saint-Esprit et de la Vierge Marie ». C'est bien là la vraie signification de ce passage capital de notre *Credo*[1].

Lentement et graduellement ce courant irrésistible se déverse à travers les divers plans et les différents règnes de la nature, dépensant dans chacun d'eux une période de temps égale à la durée d'une incarnation entière de chaîne planétaire[2], période qui, mesurée comme nous mesurons le temps, se chiffrerait par des millions d'années. Cette vague est représentée, sur la planche III, par la ligne qui, partant du deuxième des cercles symboliques, parcourt le côté gauche de l'ovale et se renforce graduellement à mesure qu'elle approche du sommet inférieur de la courbe. Après avoir atteint ce point, elle commence à décrire son arc ascendant et s'élève, à travers les plans physique, astral et mental inférieur, jusqu'à ce qu'elle rencontre enfin la troisième grande

1. Voir *le Credo Chrétien*, du même auteur, p. 57.
2. Ou durée d'un Manvantara.

émanation, figurée ici par la ligne blanche partant du cercle supérieur et formant le côté droit de l'ovale. Laissons de côté, pour le moment, cette rencontre des deux émanations divines, que nous étudierons plus en détail un peu plus tard, et occupons-nous de l'arc descendant.

Pour mieux le comprendre examinons la planche IV. Elle semble bien différente, mais, en fait, elle correspond intimement à la planche III ; la colonne de gauche, peinte en diverses couleurs, est identique à la courbe descendante figurée sur le côté gauche de la planche III, et toutes les figures pyramidales qui complètent ce diagramme représentent, à différents degrés de croissance, les premiers stades de la courbe ascendante reproduite sur le côté droit de la planche III.

Suivant son degré de descente dans la matière, cette émanation porte des noms différents. Dans son ensemble, on lui donne souvent le nom d'essence monadique, surtout lorsqu'elle ne s'entoure que de la matière atomique des divers plans ; mais, lorsque, dans sa course descendante, elle dépense son énergie dans la matière de la partie supérieure du plan mental, elle est appelée le premier règne élémental. Après avoir employé toute la durée d'une chaîne planétaire à effectuer cette évolution, elle descend dans les niveaux inférieurs ou roupiques du même plan et elle anime alors le deuxième règne élémental pendant une autre période de même nature. La période suivante se passe dans les niveaux du plan astral, où on l'appelle le troisième règne élémental, ou plus souvent l'essence élémentale du plan astral. A ces deux derniers stades elle est intimement liée à l'homme, car elle entre largement dans la compo-

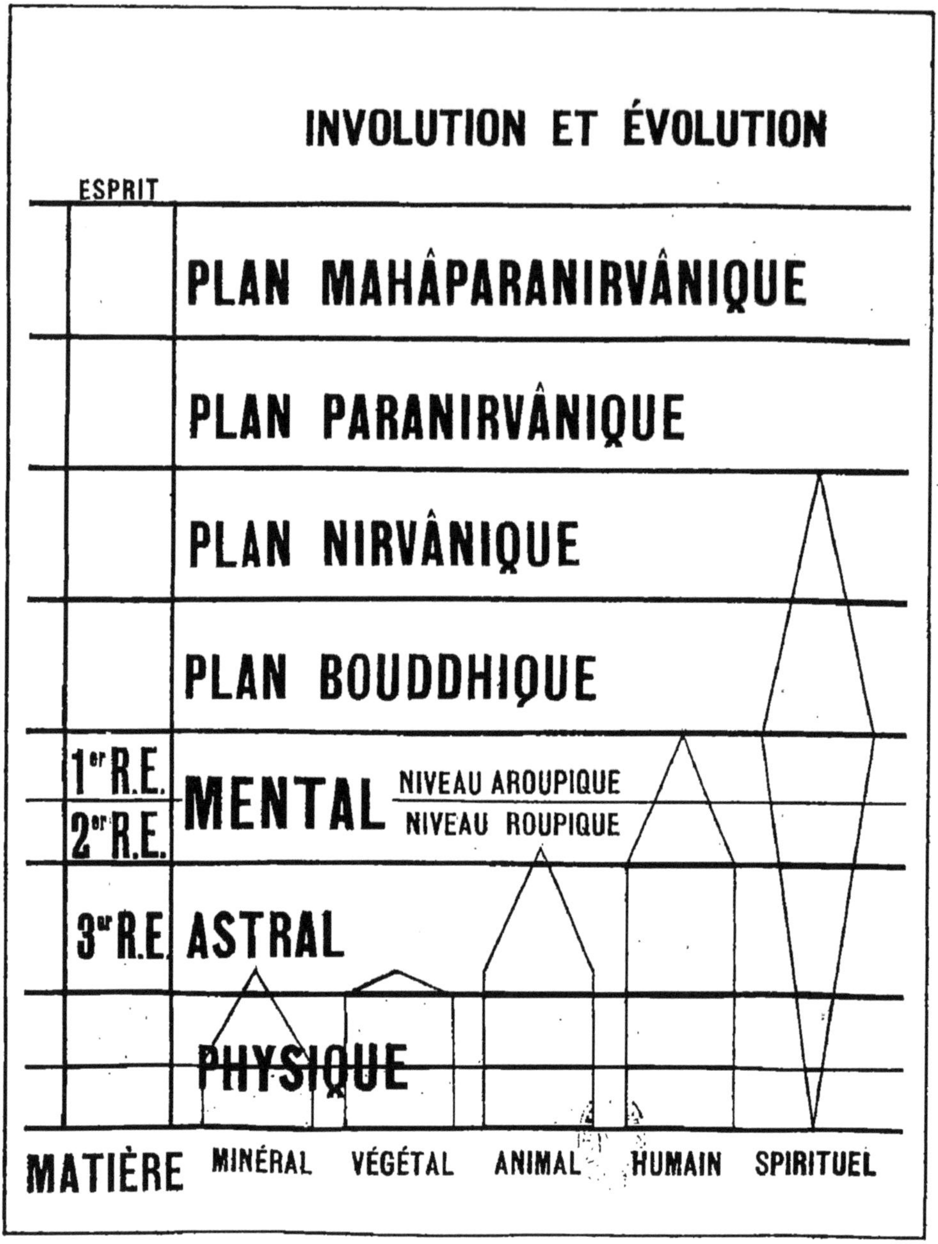

INVOLUTION ET ÉVOLUTION

ESPRIT

PLAN MAHÂPARANIRVÂNIQUE

PLAN PARANIRVÂNIQUE

PLAN NIRVÂNIQUE

PLAN BOUDDHIQUE

1er R.E.
2er R.E.
MENTAL
NIVEAU AROUPIQUE
NIVEAU ROUPIQUE

3er R.E. ASTRAL

PHYSIQUE

MATIÈRE
MINÉRAL VÉGÉTAL ANIMAL HUMAIN SPIRITUEL

IV.

sition de ses divers véhicules et influence sa pensée et ses actions. Nous sortons ici de notre sujet, et, pour une description plus détaillée de l'action exercée par « l'élémental du désir » et « l'élémental mental », nous renvoyons notre lecteur à d'autres ouvrages théosophiques.

Lorsque cette grande vague de vie et de force divine atteint le point le plus bas de sa course, elle s'immerge dans la matière physique ; à partir de cette période et pendant les premiers moments de sa course ascendante, elle dépense son énergie à animer le règne minéral de la chaîne planétaire sur laquelle elle fonctionne pour l'instant. A ce stade évolutif on l'appelle parfois « la monade minérale », comme plus tard on l'appellera « la monade végétale » puis « la monade animale ». Mais ces termes sont quelque peu trompeurs : ils semblent suggérer, en effet, qu'une seule et grande monade anime le règne tout entier.

Alors même que cette essence monadique se manifeste pour la première fois dans le premier des règnes élémentals, elle n'est jamais unique (ou homogène), mais multiple — il n'existe point un seul et grand courant de vie, mais plusieurs courants parallèles ayant chacun leurs caractéristiques propres. Le processus entier tend constamment vers la différentiation, et, à mesure que ces courants descendent de règne en règne, ils se divisent et se subdivisent de plus en plus. Il se peut que nous puissions imaginer cette grande émanation comme étant homogène à quelque point antérieur à toute cette évolution, et cependant personne n'a jamais pu la voir dans cette condition ; à l'issue de ce premier grand stade de l'évolution elle est finalement divisée en individualités, chaque homme étant devenu une âme distincte, quoique peu développée encore.

Nous trouvons des conditions en quelque sorte intermédiaires entre ces deux points extrêmes ; mais il y a toujours subdivision, même avant le début du processus de l'individualisation. Il ne faut pas oublier que nous traitons ici de l'évolution de la vie ou de la force qu'elle anime, et non de la forme extérieure ; et dans ce cas l'énergie en jeu renferme, sans aucun doute, les qualités acquises pendant l'incarnation physique. Dans le règne végétal, par exemple, nous n'avons pas une âme unique pour une plante isolée, mais une âme collective pour une énorme quantité de plantes — peut-être, dans certains cas pour toutes une espèce. Dans le règne animal cette subdivision s'accentue davantage, et, quoiqu'il puisse être vrai de dire que, dans les formes inférieures de certains insectes, une âme collective puisse animer des millions de corps, dans le cas d'animaux plus évolués, cette âme collective peut représenter un nombre relativement restreint d'individus.

CHAPITRE VII

L'AME COLLECTIVE ANIMALE

La conception de l'âme collective semble, à quelques étudiants, un peu difficile à saisir ; une comparaison d'origine orientale nous la rendra peut-être plus intelligible. On assimile l'âme collective à l'eau contenue dans un vase ; si nous en retirons un verre plein d'eau, nous aurons ainsi la représentation de l'âme d'un animal isolé. L'eau du verre est, pour un temps, séparée de celle du vase et elle a pris la forme du verre qui la contient. Supposons que nous mettions dans ce verre une certaine quantité de matière colorante ; nous avons communiqué ainsi à son contenu une nuance déterminée ; cette matière colorante, dans notre hypothèse. représentera les qualités acquises par cette âme isolée pendant son incarnation temporaire.

La mort de l'animal correspondra au fait de rejeter l'eau du verre dans le vase ; la matière colorante se répandra alors dans la masse totale du liquide et la teintera faiblement. D'une façon toute semblable les qualités développées par l'animal, pendant sa vie, se répartiront, après sa mort, dans la totalité de l'âme collective. Il serait impossible, après cela, de retirer du vase un verre d'eau identique au premier, et chaque verre puisé à nouveau sera forcément teinté par la matière colorante introduite avec le premier verre. S'il était possible de sortir du vase exactement les mêmes molécules d'eau, de façon à reproduire le même premier verre plein d'eau, cela équivaudrait à une véritable réincarnation ; au lieu de cela, nous avons la réabsorption de l'âme temporaire dans l'âme collective, opération par laquelle tout ce qui a été acquis pendant la séparation temporaire est soigneusement conservé.

En considérant, d'une façon générale, l'évolution du règne animal, ce n'est plus un seul verre qui est à un moment donné, retiré du vase, mais plusieurs verres simultanément, et chacun d'eux rapporte à l'âme collective sa part de qualités évoluées. Au même moment bien des qualités différentes s'expriment ainsi dans chaque âme collective et se manifestent d'une façon inhérente à chaque animal. C'est ainsi que s'acquiert l'instinct, dont certaines créatures sont douées à leur naissance. Le canneton, aussitôt qu'il s'est détaché de l'œuf, recherche l'eau et s'y plonge sans crainte aucune, au grand désespoir de la poule qui l'a couvé. En effet ce fragment de l'âme-groupe, en exercice dans l'espèce du canneton, sait parfaitement bien, par ses expériences antérieures, que l'eau est son élément naturel, et les plus chétifs de ses représentants ne craignent nullement de suivre leur instinct.

Une tendance vers une subdivision de plus en plus marquée s'affirme constamment et se manifeste d'une manière qui ressemble curieusement au mode de division des cellules. Dans l'âme collective, qui peut être imaginée comme animant une grande masse de matière du plan mental, une espèce de pellicule, à peine perceptible, commence à se montrer ; nous pourrions presque la comparer à une cloison qui, graduellement, viendrait se former pour séparer le contenu du vase. Au début, l'eau filtre, dans une certaine mesure, à travers cette cloison ; mais il arrive que les verres d'eau puisés de l'un de ces côtés sont toujours rejetés dans la même partie du même côté, de sorte que, par degré, l'eau de ce même côté se différencie nettement du contenu de l'autre partie du vase ; la cloison alors se densifie peu à peu et devient impénétrable. Nous avons ainsi éventuellement deux récipients au lieu d'un seul.

Cette opération se répète constamment jusqu'à ce que nous en arrivions aux animaux les plus avancés, pour lesquels un nombre relativement faible d'individus est relié à chaque âme collective. On a trouvé que l'individualisation, qui retire définitivement une entité du règne animal et la fait passer dans le règne humain, ne peut se produire que chez certains types d'animaux : les animaux domestiques, et encore pas chez tous. Il faut se rappeler que nous n'avons dépassé que de peu la moitié de l'évolution de cette chaîne de monde, et ce n'est qu'à la fin de cette évolution que le règne animal peut espérer atteindre l'humanité. Il s'ensuit naturellement que ceux d'entre les animaux qui atteignent ou qui sont près d'atteindre l'individualisation, sont considérablement en avance sur la masse, et le nombre de ces cas ne peut donc être que faible. Néanmoins, ces cas se présentent parfois et ils sont, pour nous, fort intéressants, parce qu'ils nous apprennent la manière dont nous sommes venus, nous-mêmes, à l'existence dans un passé fort lointain. Le règne animal de la chaîne lunaire, dont nous provenons, était à un niveau quelque peu inférieur au règne animal de nos jours ; mais ce sont toujours les mêmes principes, alors comme aujourd'hui, qui ont présidé au processus de l'individualisation.

CHAPITRE VIII

LA COURBE ASCENDANTE

Avant d'en expliquer le fonctionnement nous devons revenir, une fois de plus, à la planche IV. Rappelons-nous que les bandes diversement colorées, qui occupent la partie principale de ce diagramme, représentent les divers stades qu'occupe l'essence monadique dans sa marche progressive et ascendante. Dans sa course descendante, figurée par la colonne de gauche du diagramme, cette essence monadique agrège simplement autour d'elle, et dans les divers plans, les différentes variétés de matière ; elle organise cette matière en l'accoutumant et en l'adaptant à recevoir des vibrations et des impressions ; elle acquiert, en même temps, la propriété de recevoir et de répondre, sur leurs niveaux respectifs, à ces mêmes impressions. Mais sa façon de procéder devient quelque peu différente, lorsqu'elle a atteint le point le plus bas de son immersion dans la matière et qu'elle commence à s'engager dans la grande marche en avant de son évolution vers la divinité. Son but est alors de développer pleinement sa conscience sur ces niveaux en apprenant à dominer les corps qu'elle a construits et à s'en servir définitivement comme véhicules ; de cette façon les corps ne sont plus simplement des véhicules par lesquels l'âme reçoit les impressions du dehors, mais ils sont encore, pour elle, le moyen de s'exprimer sur les différents plans.

Les premiers efforts se font naturellement dans la matière la plus dense ; c'est en effet dans cette matière que les vibrations déterminées par l'essence monadique, quoique les plus longues et les plus lentes, sont aussi les moins puissantes, les moins pénétrantes et, par conséquent, les plus faciles à dominer. Il en résulte que, tout en étant doué de principes supérieurs, mais dans une condition plus ou moins latente, l'homme n'est pleinement conscient que dans le corps physique ; plus tard il développera graduellement sa conscience dans le corps astral et, beaucoup plus tard, encore, dans le corps mental.

Nous trouvons, sur la planche IV, une bande distincte pour chacun des règnes de la nature. Dans celle correspondant au règne minéral, la bande n'est coloriée dans toute sa largeur — où le règne n'est pas pleinement développé — que dans la région la plus dense du plan physique ; elle se rétrécit de plus en plus dans les régions supérieures correspondant à la matière éthérique. Cela veut dire que, dans le règne minéral, le contrôle de l'âme, sur la partie supérieure de la matière éthérique, n'est pas encore pleinement développé. Le point rouge, figuré à l'angle supérieur, montre qu'une certaine quantité de conscience commence déjà à se manifester dans la matière astrale ; ce sont les premiers désirs.

Plusieurs de nos lecteurs pourront s'étonner que l'on parle de désirs lorsqu'il s'agit du règne minéral ; les chimistes cependant savent bien que l'affinité chimique constitue une manifestation parfaitement distincte, pour ainsi dire, une préférence de la part des soi-disant éléments les uns pour les autres ; et n'est-ce pas le commencement du désir? Un élément, par exemple, ressent pour un autre une attraction si forte que, s'il est mis en sa présence, il abandonne instantanément toute autre substance avec laquelle il serait combiné. C'est en effet, grâce à notre connaissance de ces attractions ou de ces répulsions que nous arrivons à séparer les différents gaz. L'eau, par exemple, est une combinaison d'oxygène et d'hydrogène ; si nous jetons dans cette eau un peu de sodium, nous constatons que l'oxygène préfère le sodium à l'hydrogène et abandonne rapidement ce dernier pour se combiner avec le premier ; nous obtenons ainsi, à la place de l'eau, un composé appelé oxyde hydraté de sodium, et l'hydrogène abandonné s'échappe. Si nous jetons de la limaille de zinc dans l'acide chlorhydrique (qui est une combinaison d'hydrogène et de chlore), le chlore tend immédiatement à abandonner l'hydrogène pour se combiner au zinc : il se forme alors du chlorure de zinc, et l'hydrogène, mis en liberté, peut être facilement recueilli ; c'est, du reste, une des méthodes ordinaires employées pour obtenir ce gaz. Ainsi se trouve justifiée l'action du désir dans le règne minéral.

Si nous considérons maintenant la figure pyramidale qui représente le règne végétal, nous voyons qu'elle a sa pleine largeur, non seulement dans la partie inférieure du plan physique, mais aussi dans sa partie éthérique, et nous constatons que le triangle supérieur représentant les désirs est beaucoup plus développé, prouvant par là une plus grande capacité d'utiliser la matière astrale inférieure. Ceux qui ont étudié la botanique savent que l'attraction et la répulsion (autrement dit formes du désir) sont bien plus actives dans le monde végétal que dans le monde minéral et que bien des plantes témoignent d'une grande ingéniosité pour en arriver à leurs fins, quelque limitées que ces fins puissent être en les considérant à notre point de vue.

En considérant la figure pyramidale représentant le règne animal, nous trouvons que la conscience a fait un grand pas. Cette figure a sa pleine largeur dans le plan physique tout entier, dans les parties inférieures du plan astral et ne se rétrécit que dans ses sous-plans supérieurs ; cela veut dire que l'animal est capable d'expérimenter pleinement les désirs inférieurs mais ne possède encore qu'une faible capacité pour les désirs d'ordre supérieur. Il les possède néanmoins, et c'est ainsi que, dans quelques cas exceptionnels, il peut être, en tant qu'animal, capable d'une somme considérable d'affection élevée et de dévouement.

Le sommet de la pyramide, que l'on voit peint en vert sur le diagramme, prouve chez l'animal un certain développement de l'intelligence et témoigne du degré de mentalité auquel il peut atteindre. On a longtemps supposé que la faculté de raisonner distinguait l'homme de l'animal et que ce dernier ne possédait que de l'instinct. Cette conception est certainement erronée surtout en ce qui concerne les animaux domestiques les plus avancés. Toute personne qui a possédé un chien ou un chat et qui s'en est fait un ami (comme cela devrait toujours être), aura pu observer que ces animaux ont un certain pouvoir d'induction et de déduction, bien qu'à leur degré d'évolution leur faculté de raisonner soit forcément plus faible et plus limitée que la nôtre. En ce qui concerne l'animal ordinaire, la figure représentée sur le diagramme est tout à fait correcte : elle nous montre que la faculté de raisonnement de cet animal ne peut dépasser les sous-plans inférieurs du plan mental ; mais, pour les animaux domestiques avancés, le sommet de la pyramide peut s'élever jusqu'au quatrième sous-plan du plan mental. Leur état de conscience s'y exprime alors par un point seulement et ne pourrait jamais se représenter par une largeur quelconque de la bande coloriée.

CHAPITRE IX

LES ÉTATS DE CONSCIENCE DE L'HOMME

Si nous tournons nos regards vers la figure pyramidale représentant l'humanité, nous y observons, dès l'abord, quelques traits particuliers ; la bande verticale a sa pleine largeur, non seulement dans le plan physique, mais dans le plan astral tout entier ; cela prouve déjà que l'homme est capable d'expérimenter toute la gamme des désirs, les plus élevés comme les plus bas. Dans la partie inférieure du plan mental elle conserve encore sa pleine largeur, ce qui nous indique, qu'à ce niveau déterminé, la faculté de raisonner est pleinement développée dans l'homme. Plus haut le développement n'est plus complet, et un nouveau facteur se présente sous la forme du triangle bleu foncé qui termine la pyramide et qui nous montre que l'homme possède un corps causal et un Ego permanent et réincarnateur. Ce triangle bleu correspond au triangle blanc inscrit dans le petit cercle figuré sur la planche III. Pour la grande majorité de l'humanité, le point caractéristique déterminant le degré de conscience qu'elle a atteint sur les niveaux du plan mental supérieur, ne s'élève guère au delà du troisième, c'est-à-dire du plus inférieur de ses trois sous-plans. Ce n'est qu'à la suite d'un développement gradué et progressif de l'âme que l'Ego devient capable d'élever sa conscience au deuxième, puis au premier de ces sous-plans.

Nons ne prétendons pas que l'homme soit déjà à même de fonctionner consciemment à de telles hauteurs. Dans les types inférieurs de l'humanité, le désir est encore le facteur prédominant, bien que le développement mental ait fait quelques progrès. Pendant sa vie, un homme de cette catégorie aurait, en dormant, une conscience très obscurcie dans son corps astral, et après la mort il ne serait pleinement conscient et actif que dans les sous-plans inférieurs de l'astral. En fait, cette vie prolongée dans le plan astral inférieur emploierait, à peu de chose près, tout l'intervalle qui sépare deux incarnations, et pour le moment il ne profiterait que peu de la vie du Ciel. La conscience de cet homme à ce niveau, est, sans doute, centrée dans la partie inférieure de son corps astral, et sa vie est gouvernée surtout par les sensations adéquates au plan physique.

Dans l'homme ordinaire de notre race, la partie supérieure du corps astral commence à se développer, mais il vit presqu'entièrement dans ses sensations ; pour lui la question capitale qui guide sa conduite n'est certes pas ce qui est juste ou raisonnable mais ce qui lui plaît. Les plus cultivés d'entre nous commencent seulement à gouverner leurs désirs par le raisonnement, — cela veut dire que le centre de conscience se transfert graduellement de la partie supérieure de l'astral à la partie inférieure du mental. Peu à peu, à mesure que le progrès s'affirme, l'homme commence à être dominé par des principes plutôt que par son intérêt ou par ses désirs.

Un autre développement, plus important encore, est atteint lorsque l'homme devient capable de se servir de ses différents corps comme de véhicules appropriés dans lesquels l'âme puisse fonctionner consciemment. Tout représentant quelque peu avancé et cultivé des races supérieures de l'humanité, a sa conscience pleinement développée dans le corps astral et est parfaitement capable d'employer ce corps comme véhicule, s'il a toutefois l'habitude de le faire. Pour y arriver, un certain effort est nécessaire. L'énorme majorité de ces hommes ne connaît rien du corps astral et de son emploi, et ne fait alors aucun effort spécial pour chercher à s'en servir. Ils ont, dans leur passé, une longue succession de vies dans lesquelles les facultés astrales n'ont pas été employées, et ces facultés se sont développées lentement et graduellement dans une espèce de coque tout comme une jeune poulet dans son œuf. La coque est formée par la grande masse de pensées, centrées en soi, dans lesquelles l'homme ordinaire est si malheureusement embourbé. Pendant son sommeil cet homme suit généralement le même genre de pensées qui l'intéressait durant le jour, et il s'environne d'un mur si épais, de sa propre fabrication, qu'il ne peut pratiquement rien apprendre de ce qui se passe en dehors de lui. Parfois, mais très rarement, quelque violente impulsion du dehors, ou quelque fort désir formulé au dedans, peut entr'ouvrir, pour un moment, ce rideau de ténèbres et lui permettre de recevoir quelque impression bien définie ; mais alors même le brouillard se reforme autour de lui et il se reprend à rêver d'une manière incohérente. Il est évident, néanmoins, que cette coque peut être brisée suivant différentes méthodes.

1° Dans le lointain avenir, l'évolution lente mais sûre de l'homme dissipera graduellement son rideau de ténèbres, et il deviendra peu à peu conscient de l'activité et de la vie intense de ce monde majestueux qui l'entoure.

2° L'homme lui-même, ayant acquis la meilleure manière de s'y prendre, pourra, au prix d'efforts constants et persévérants, éclaircir ces ténèbres en agissant par l'intérieur, et surmonter graduellement l'inertie résultant de ces âges d'inactivité. C'est ici plutôt une accélération du processus naturel, et celui-ci ne sera nullement pénible si le développement de l'homme se poursuit également suivant les autres voies. Mais, si l'homme atteint ce stade d'éveil de ses facultés sans avoir auparavant conquis la force, la connaissance et le développement moral approprié, il sera exposé au double danger de mal employer ces pouvoirs, au fur et à mesure de leur acquisition, et d'être paralysé par la peur en présence de forces qu'il ne pourra ni comprendre ni maîtriser.

3° Il peut arriver que quelque accident ou quelque usage illicite de magie cérémonielle puisse aussi déchirer le voile et l'empêcher à jamais de se reformer complètement. Dans ce cas l'homme se trouve dans la terrible condition si bien décrite par Mme Blavatsky dans son histoire *Une vie ensorcelée*, ou par Bulwer Lytton dans son œuvre puissante *Zanoni*.

4° Quelque ami de cet homme plus avancé que lui et le connaissant parfaitement, le croyant capable de surmonter les dangers du plan astral et d'y faire un bon travail désintéressé, peut agir par l'extérieur contre cette coque de nuages et réveiller l'homme dans un but bien défini. C'est là l'éveil sur le plan astral, dont il est souvent parlé dans nos livres : mais le travailleur plus expérimenté assume vis-à-vis de celui qu'il éveille une lourde responsabité. Il se ne résoud à le faire que lorsque, à la suite d'une longue intimité, il a pu se convaincre que son élève possède, dans une certaine mesure, toutes les qualifications mentionnées au chapitre XIV des *Aides invisibles*[1]. Le besoin d'aide est néanmoins si grand que l'aspirant peut être absolument certain qu'il en sera digne. En attendant, ceux qui se croient oubliés ont toujours la ressource d'adopter la deuxième méthode, mais il feront bien de s'assurer auparavant, et sans erreur possible, qu'ils possèdent les conditions voulues de développement moral ; autrement leur chute serait prompte et certaine.

Nous avons pu voir déjà, par certaines lectures théosophiques, qu'une grande somme de travail peut être accomplie et l'est, en réalité, à tous moments, bien avant cet éveil complet de l'homme sur le plan astral. Un homme qui s'endort avec l'idée bien arrêtée de faire un certain travail, tentera certainement de mettre son projet à exécution aussitôt qu'il sera dégagé de son corps physique ; mais après avoir agi, il se laissera enfermer à nouveau dans sa coque d'épais brouillard, et cela parce que depuis des âges il n'a jamais su prendre l'initiative d'une action, lorsqu'il fonctionne en dehors de son cerveau physique. Beaucoup de membres de notre société théosophique mettent ces conseils en pratique et s'efforcent d'exécuter au moins une action bienfaisante chaque nuit ; dans bien des cas l'action est suffisante

1. Ouvrage du même auteur.

pour occuper tout le temps du sommeil, surtout lorsque ces personnes y mettent toute leur énergie. Il faut aussi se souvenir que ce n'est pas seulement pendant le sommeil que nous pouvons donner un secours effectif ; une pensée d'une grande vitalité peut être envoyée à n'importe quel moment et ne peut jamais manquer de produire son effet.

La différence qui caractérise celui qui a été définitivement éveillé de celui qui ne l'est pas, est que dans le cas du premier, le rideau de ténèbres qui l'enveloppait a été dissipé une fois pour toutes, tandis que, pour le second, ce rideau ne fait que s'entr'ouvrir pendant un temps pour se refermer ensuite et rester aussi impénétrable qu'auparavant.

CHAPITRE X

LA TROISIÈME ÉMANATION DIVINE

Pour comprendre la formation de l'âme, il faut prendre en considération un nouveau facteur. C'est la troisième émanation de vie divine qui provient du premier aspect du Logos. Elle produit dans le sein de chaque homme ce distinctif « esprit de l'homme qui tend à s'élever » en opposition à « l'esprit de la bête qui tend à descendre » [1]. Cela veut dire que, si l'âme de l'animal, après la mort de son corps, retourne à l'âme collective ou bloc auquel elle appartient, l'esprit divin en l'homme ne peut retomber ainsi mais s'élève toujours plus avant et plus haut vers la divinité dont il émane. Cette troisième vague de vie est représentée par la ligne blanche dessinée sur le côté droit de la planche III ; il faut remarquer que cette projection divine ne devient, cette fois, ni plus dense, ni plus matérialisée au fur et à mesure de sa descente dans les plans de la manifestation. Elle semble ne pas pouvoir descendre plus bas que le plan bouddhique et là elle plane comme un puissant nuage attendant une occasion pour effectuer sa jonction avec la deuxième vague qui, elle, s'élève lentement s'efforçant de la rejoindre. Ce nuage semble

1. *Ecclésiaste*, chap. III, v. 21.

exercer une attraction constante sur l'essence monadique qui se trouve en-dessous, mais l'opération qui rend cette union possible doit être commencée par cette dernière.

Un exemple fréquemment employé en Orient pour expliquer ce processus est celui de la formation de la trombe marine. Là aussi, nous avons un grand nuage planant au-dessus de la mer, à la surface de laquelle les vagues se forment et se meuvent. Au début une grande pointe semble se détacher du nuage — un cône renversé de vapeur tourbillonnant avec une grande rapidité. — En dessous, à la surface de l'océan, un tourbillon se forme rapidement ; mais, au lieu de se creuser en profondeur comme dans le tourbillon ordinaire, c'est un cône tourbillonnant qui s'élève au-dessus de la surface. Avec régularité ces deux cônes se rapprochent de plus en plus jusqu'à ce que le pouvoir d'attraction soit assez fort pour les réunir soudainement en une grande colonne d'eau mélangée de vapeur.

Suivant le même procédé, les âmes collectives du règne animal projettent constamment en incarnation des fragments de leur substance, comme les vagues temporaires se forment à la surface de la mer ; et l'opération de différentiation se poursuit jusqu'à ce qu'à un moment donné l'une de ces vagues s'élève assez haut pour permettre au nuage qui plane au-dessus d'effectuer sa jonction avec elle et de créer un être qui ne soit ni nuage ni eau, mais qui participe à la nature du nuage et de l'eau. C'est ainsi qu'une entité se détache de l'âme collective à laquelle elle appartenait, et à partir de ce moment elle ne retournera plus jamais à sa source.

Toute personne qui se sera attachée à un animal

vraiment intelligent comprendra facilement la genèse de cette individualité ; elle aura pu observer le dévouement intense que l'animal peut éprouver pour son maître et ses continuels efforts pour deviner ses désirs et chercher à lui plaire. Il est évident que ces efforts ont pour effet de développer dans l'animal, et son intelligence, et son pouvoir d'affection et de dévouement ; et le temps viendra où cet animal dépassera à ce point le niveau général de son âme collective, qu'il en sera brusquement arraché et deviendra ainsi un véhicule apte à recevoir cette troisième projection divine. L'individualité étant formée par la réunion de ces deux vagues de vie, elle continue alors sa propre évolution qui la reconduira à la divinité.

On nous pose souvent cette question : s'il est vrai que l'essence monadique est divine à son origine et retourne finalement à la divinité, s'il est vrai que la monade humaine est la sagesse et la bonté même, lorsqu'elle part pour son voyage immense à travers la matière, pourquoi doit-elle entreprendre cette longue évolution, qui ne lui épargne ni les peines ni les souffrances, pour aboutir simplement à la source dont elle émane. Cette question est le résultat d'un malentendu. Lorsqu'émana du divin ce qui est peut-être improprement appelé la monade humaine, ce n'était point en réalité une monade, — encore moins était-ce la sagesse et la bonté même. La différence de condition entre la monade prise à son point de départ et cette même monade à son retour à la divinité, est exactement celle qui distingue une grande masse de matière nébuleuse éblouissante, du système solaire qui en a été formé. La nébuleuse est splendide, sans doute, mais elle est sans consistance et sans utilité ; tandis que le soleil, issu de cette nébuleuse par une lente évolution, déverse la vie, la chaleur, la lumière sur bien des mondes et leurs habitants.

Voici un autre exemple : Le corps humain est composé de millions sans nombre de particules ténues et quelques-unes d'entre elles en sont constamment expulsées. Supposons qu'il soit possible à l'une de ces particules d'entreprendre un certain cours d'évolution et de devenir, avec le temps, un être humain. Irions-nous dire que, puisqu'elle a été en quelque sorte humaine, au début de son évolution, elle n'a en somme rien gagné, lorsqu'elle a atteint son but ? L'essence monadique agit comme une projection de force, si même elle est une force divine ; elle retourne à la divinité sous la forme de centaines de millions de puissants Adeptes, capables chacun de devenir un Logos.

Avec la série de planches coloriées annexées à cet ouvrage, nous allons essayer d'esquisser cette partie merveilleuse de l'évolution. Si nous arrivons à figurer le changement qui se produit dans les divers véhicules de l'homme, au fur et à mesure qu'il se développe, nous pourrons alors espérer communiquer à ceux qui sont encore incapables de voir par eux-mêmes, l'idée de ce progrès. Il est un point, concernant la réunion de ces deux émanations divines, qui a besoin d'une explication supplémentaire. Un curieux changement s'est, en effet, produit dans la ligne d'action de l'essence monadique. Pendant tout le cours de son évolution à travers les règnes, elle avait été invariablement le principe qui donne aux formes sa vitalité et son énergie — la force agissant pour le compte d'une forme temporaire quelconque. Elle avait été jusqu'à présent le dispensateur de la vie, elle en devient maintenant le récepteur ; le corps causal, en effet, est le produit de cette essence monadique qui faisait partie d'une âme collective animale, c'est une forme ovoïde, resplendissante de lumière vivante dans laquelle ont pénétré, d'en haut, une lumière et une vie plus glorieuses encore et qui permet à cettte vie supérieure de s'exprimer comme individualité humaine.

Comme je l'ai expliqué, en traitant du même sujet dans le *Credo chrétien* [1], personne ne devrait considérer comme indigne d'une si longue et si pénible évolution, un but qui serait de devenir l'un des véhicules de cette dernière et si grande émanation de l'esprit divin. Car il faut se souvenir que, si ce véhicule n'avait pas été préparé à servir de trait d'union, l'immortalité individuelle de l'homme ne pourrait jamais devenir une réalité. Aucune parcelle n'est perdue de l'œuvre accomplie au cours de ces âges sans nombre, et rien n'a été inutile. Car la triade supérieure ainsi formée devient une unité transcendante, « non par la transformation de cette Divinité en chair, mais par l'ascension de l'humanité en Dieu » [2]. Sans cette longue période d'évolution, cette consommation finale n'aurait jamais pu être atteinte, à savoir que l'homme pût s'élever jusqu'au niveau de la divinité, et qu'ainsi le Logos lui-même fût rendu plus parfait, parce que se joignent à lui, à la fois ceux de sa propre progéniture sur qui cet amour, essence de sa nature divine, a, pour la première fois,

1. Ouvrage du même auteur.
2. Citation tirée du *Credo* d'Athanase.

été pleinement répandu et ceux qui, maintenant, peuvent le lui retourner.

Un stade de développement, bien supérieur à celui de l'homme ordinaire, est figuré sur la planche IV par le losange allongé situé à la droite du diagramme. Nous y avons la représentation de l'homme très spiritualisé dont l'état de conscience s'est élevé au-dessus du stade du corps causal ; cet homme est capable de fonctionner librement dans le plan bouddhique, et sa conscience (au moins quand il est hors de son corps) peut s'exprimer à un niveau encore supérieur à ce plan, comme le désigne la pointe blanche située à l'extrémité supérieure de la figure. Dans ce cas particulier, le centre de conscience, figuré par la partie la plus large du losange, ne se trouve plus localisé, comme dans les cas précédents, dans les plans physique ou astral, mais entre les régions mentale supérieure et bouddhique. Les parties supérieures du mental et de l'astral sont plus développées que les parties inférieures de ces mêmes plans. L'extrémité inférieure du losange, ne touchant la partie la plus grossière du plan physique que par un point, nous démontre que cet homme conserve encore un corps physique pour la convenance de son travail sur le plan physique, mais que ses pensées ou désirs n'y sont fixés d'aucune façon. Il a depuis longtemps épuisé le Karma qui pourrait provoquer son retour en incarnation ; et s'il se sert encore de véhicules des plans inférieurs, ce n'est que pour travailler au bien de l'humanité et pour déverser, à ces niveaux, une influence qui, autrement, ne pourrait s'y exercer. En effet, certaines catégories de vibrations de la force divine sont trop subtiles pour être enregistrées par l'essence plus grossière de ces plans inférieurs; mais si elles s'expriment par l'intermédiaire d'un être dont les véhicules inférieurs sont parfaitement purs, elles peuvent alors être enregistrées et produire leur résultat.

Aux yeux d'un clairvoyant entraîné, un corps causal de formation récente est transparent, irisé, comme une énorme bulle de savon, — et encore ne peut-il être examiné avec certitude que par une personne ayant développé pleinement les facultés de son propre corps causal. Au stade considéré, ce corps causal ressemble à une bulle de savon presque vide en apparence, car la force divine, qui y est réellement contenue, n'a pas encore eu le temps de développer ses qualités latentes en apprenant à répondre aux vibrations du dehors, et conséquemment il ne s'y est encore développé que fort peu de couleurs. Le peu qui s'y trouve provient de certaines qualités, préalablement développées dans l'âme collective dont ce corps causal faisait partie ; et c'est dans le but de transmettre ces qualités à la force divine renfermée dans cette enveloppe, que sont mises en activité certaines vibrations correspondant à ces qualités. En conséquence, tout ce que l'on pourra observer dans cette forme se réduira à quelques éclairs faiblement colorés, provenant de ces premières catégories de vibrations. La planche V nous donne l'apparence du corps causal d'un homme primitif. L'ombre grise, à la gauche de l'ovoïde, ne veut pas représenter une qualité quelconque des corps ; en réalité elle ne devrait pas exister ; elle n'a été imaginée par l'artiste que pour donner à cette figure l'apparence sphérique.

Tout en possédant un corps causal, l'homme est encore loin d'être suffisamment conscient pour rece-

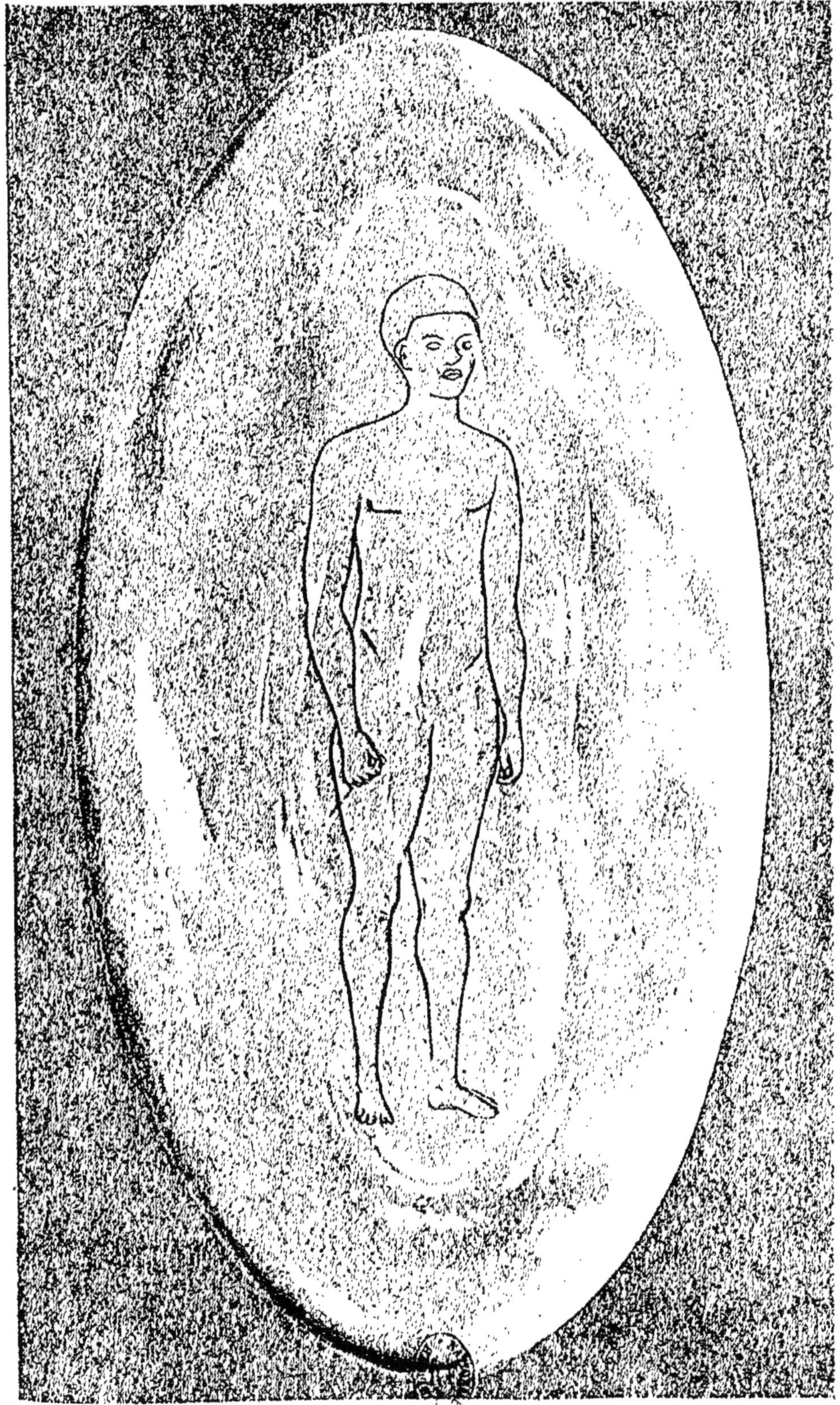

V

voir des impressions correspondant à ce niveau ou y répondre ; et puisque la méthode, appropriée à l'évolution de ses qualités latentes, nécessite des vibrations du dehors, il est indispensable pour lui de descendre assez bas s'il veut rencontrer des vibrations qui puissent l'impressionner. C'est pour cela que la méthode de progrès qui lui est assignée est celle de la réincarnation ; se réincarner, cela veut dire : projeter, dans les plans inférieurs, des parties de soi-même dans le but d'y faire certaines expériences, d'y acquérir les qualités résultant de ces expériences et de les réabsorber ensuite en s'appropriant le fruit de ces efforts. En effet dans cette descente en réincarnation, qui peut être assimilée au fait d'endosser un vêtement, l'Ego espère, si tout va bien, regagner non seulement le prix de son vêtement, mais encore une grande partie des intérêts de son capital, et il les obtient généralement. Mais comme, dans tout achat de vêtement, on peut faire une bonne ou une mauvaise affaire, il est possible qu'une fraction de ce nouveau vêtement s'embourbe à ce point dans la matière grossière, qu'il soit impossible de le récupérer en entier. Nous n'avons pas l'intention d'expliquer comment cela peut arriver ; on trouvera plus de détails, à ce sujet, dans *Le Plan Astral*, page 50.

Je ne puis ici développer les nombreux arguments en faveur de la réincarnation, on les trouvera suffisamment détaillés dans le deuxième de nos manuels théosophiques [1]. Dans cet ouvrage je me suis simplement efforcé d'exposer les faits tels qu'ils sont vus ; il ne faut pas oublier que le processus de la réincarnation peut être suivi, à travers tous ses stades,

1. *Réincarnation* de Mme A. Besant (épuisé).

si l'on possède une clairvoyance assez développée et, pour bien des étudiants en théosophie, cette réincarnation n'est plus une simple hypothèse mais un fait précis d'observation.

L'âme se voile sous l'impulsion de ce que l'on appelle dans l'Inde *Trishna*, la soif pour l'existence manifestée, le désir de se sentir vivre. Elle plonge dans le sein de la matière, elle fortifie le soi par l'égoïsme et se montre à la vision clairvoyante sous l'aspect peu enviable figuré planche VII. Graduellement elle apprend qu'il existe une évolution plus haute, que la coque résistante d'égoïsme (qui était nécessaire pour la formation d'un centre puissant) devient une entrave à la croissance de ce centre une fois formé, et que cette coque doit être finalement brisée et rejetée. Peu à peu, à la suite de bien des incarnations, sa représentation astrale de la planche VII passe à celle de la planche X et, plus tard encore, à celle de la planche XXIII. Nous allons essayer de suivre cette évolution et de la figurer à ses différents stades.

CHAPITRE XI

COMMENT L'HOMME ÉVOLUE

L'âme, en voie de se réincarner, s'immerge tout d'abord dans la matière qui lui est la plus proche, celle des niveaux inférieurs du plan mental : immédiatement et, en quelque sorte, automatiquement, une enveloppe de cette matière la revêt, — enveloppe qui est l'expression exacte des qualités déjà développées en elle, dans la mesure tout au moins où celles-ci peuvent trouver leur expression à ce niveau. — Il ne faut pas oublier en effet que l'âme, à chaque stade de sa descente, subit des limitations plus étroites et que, par conséquent, aucune expression de l'âme, sur aucun des plans inférieurs, ne peut jamais être *parfaite* : l'expression obtenue se borne à l'indication de ses qualités. Un tableau représente, en deux dimensions, une scène qui existe ou qu'on suppose exister en trois dimensions ; il la retrace aussi exactement que la perspective permet de le faire sur une surface plane, mais en fait les lignes et angles, sur le dessin, doivent nécessairement différer, à peu près tous, des lignes et angles dans l'espace dont ils figurent l'image ; de même, la matière d'aucun des plans inférieurs ne peut exprimer aucune qualité telle qu'elle existe dans l'âme ; les vibrations de la matière inférieure sont beaucoup trop grossières et trop lentes pour les représenter exactement; la corde n'est pas suffisamment tendue pour pouvoir répondre aux sons qui résonnent d'en haut : elle peut néanmoins être accordée de manière à donner des sons correspondants à une octave plus bas, comme la voix d'un homme chantant à l'unisson avec un jeune garçon rend les mêmes sons avec toute l'approximation dont un organisme inférieur est capable.

Ainsi la couleur qui exprime une qualité déterminée dans le corps causal l'exprimera aussi dans le corps mental et même dans le corps astral, mais la teinte en sera moins délicate, moins lumineuse et moins éthérée à mesure que nous descendrons. La différence d'aspect de la gamme des couleurs sur chaque plan est telle qu'il est impossible de la faire ressortir sur le papier ou sur la toile : nous ne pouvons tenter d'en donner une idée qu'en établissant des gradations, en définissant des caractéristiques, car même l'octave immédiatement supérieure à l'octave physique dépasse absolument tout ce que l'intelligence nous permet d'imaginer, tant qu'elle travaille assujettie aux limitations du cerveau physique.

On peut imaginer les couleurs astrales inférieures comme sombres et grossières et, certes, elles le sont si on les compare aux teintes plus pures des niveaux plus élevés, mais elles sont néanmoins lumineuses dans leur grossièreté ; elles ont moins l'aspect de *couleurs* sombres, au sens ordinaire du mot, que de lueurs d'un feu sombre.

Chaque fois que nous passerons d'un état de matière inférieur à l'état supérieur, nous constaterons que celui-ci manifeste une merveilleuse puissance pour l'expression de qualités plus nobles et, d'autre part, perd graduellement le pouvoir d'en exprimer certaines autres qui sont inférieures ; par exemple, la teinte particulièrement déplaisante qui, dans le corps astral, représente la sensualité grossière, est complètement incapable de se reproduire dans la matière mentale. On objectera peut-être qu'il ne devrait pas en être ainsi, puisqu'un homme peut assurément avoir une pensée sensuelle ? mais cette idée semble témoigner d'une conception inexacte des faits. Un homme peut former une image mentale *qui évoque* en lui un sentiment de sensualité, mais la pensée et l'image sensuelles s'exprimeront dans la matière astrale et non dans la matière mentale : elle laissera ainsi une empreinte bien définie de sa teinte particulière sur le corps astral, tandis que, dans le corps mental, elle rendra plus intenses les couleurs caractéristiques des défauts concomitants du mental : l'égoïsme, la vanité, la fourberie. Ceux-ci, à leur tour, n'ont aucune possibilité de s'exprimer dans la pure splendeur du corps causal ; mais, chaque fois que l'homme, en se laissant aller à ces défauts, augmente leur intensité dans le véhicule inférieur, il contribue en quelque mesure à ternir l'éclat des couleurs qui représentent le développement des vertus opposées dans son corps causal, véhicule supérieur où l'existence est beaucoup plus proche de la réalité.

Les couleurs sont toujours produites suivant un processus ascendant : l'homme reçoit quelque impression du dehors et, en réponse, un courant d'émotion d'une certaine espèce s'éveille en lui, c'est-à-dire que, tant que l'émotion persiste, le type particulier de vibration qui la représente prédomine dans le corps astral, comme nos illustrations le montrent un peu plus loin. Après quelque temps, l'émotion passe et la couleur qui la représente se dissipe, — mais pas complètement toutefois : le corps astral contient une certaine proportion de matière qui vibre normalement à la vitesse spéciale propre à cette émotion, et chaque explosion violente de celle-ci augmente quelque peu cette proportion.

Prenons un exemple : la plupart des hommes ordinaires ont en eux une certaine somme d'irritabilité, qui s'exprime dans le corps astral par un nuage écarlate : quand l'homme manifeste cette irritabilité par une soudaine explosion de colère, une teinte écarlate envahit temporairement le véhicule astral tout entier, comme nous le montrerons ultérieurement. La crise de passion se calme et l'écarlate disparaît, mais il a laissé ses traces derrière lui : il reste en effet une augmentation légère et permanente des dimensions du nuage écarlate qui représente l'irritabilité, et la matière du corps astral tout entier est devenue un peu plus apte à répondre aux vibrations de la colère, quand l'occasion s'en représentera. Le processus est naturellement le même pour toute autre émotion, bonne ou mauvaise, et nous voyons ainsi, clairement manifestée dans la matière, cette loi morale : chaque fois que nous cédons à une passion quelconque, nous nous rendons un peu plus difficile la résistance à sa prochaine attaque ; chaque effort qui réussit à la réprimer tend au contraire à rendre la victoire suivante plus facile.

Les couleurs relativement permanentes du corps astral indiquent la persistance de certaines vibrations qui, avec le temps, agissent sur le corps mental en créant des vibrations d'un caractère semblable à ce niveau très supérieur, — à condition toutefois que le caractère des vibrations originales soit susceptible d'être reproduit dans cette matière plus subtile. C'est précisément par cette méthode, consistant à exciter des vibrations sympathiques, que les qualités élevées, développées par la vie sur les plans inférieurs, s'incorporent graduellement dans le corps causal : fort heureusement pour nous, les effets des émotions les plus élevées peuvent seuls être enregistrés à ce niveau.

Ainsi, au cours de ses nombreuses existences, l'homme développe en lui maintes qualités, les unes bonnes, les autres mauvaises ; mais, tandis que toute acquisition en bien est constamment mise en réserve et amassée dans le corps causal, ce qui est mauvais ne peut s'exprimer qu'à travers les véhicules inférieurs et revêt ainsi un caractère relativement impermanent. La puissante loi de la justice divine donne exactement en partage à tout homme le fruit de ses propres actions, bonnes ou mauvaises ; mais le mal épuise nécessairement ses effets sur les plans inférieurs, parce que ses vibrations ne peuvent s'exprimer que dans la matière de ces plans et n'ont pas la capacité d'éveiller un écho dans le corps causal. Par conséquent, sa force se dépense tout entière à son propre niveau et réagit intégralement sur son auteur dans sa vie astrale et physique, que ce soit dans l'incarnation en cours ou dans les suivantes.

Une bonne action, une bonne pensée produisent aussi leurs effets sur les plans inférieurs, mais en outre, elles ont, sur le corps causal, l'effet décrit plus haut, — effet permanent, infiniment plus élevé, qui joue un rôle si considérable dans l'évolution de l'homme. Ainsi, pensées et actions, bonnes ou mauvaises, produisent leurs résultats ici-bas, les unes comme les autres, et les manifestent dans les divers véhicules temporaires, mais les bonnes qualités sont seules retenues comme autant de gain définitif pour l'homme réel. Chaque fois qu'il redescend pour se réincarner, l'individu se retrouve, à maintes et maintes reprises, face à face avec le mal, jusqu'à ce qu'il ait vaincu et qu'il l'ait finalement déraciné de ses véhicules toute tendance à y répondre, — en fait, jusqu'à ce qu'il ne soit plus susceptible d'être emporté par aucune passion, ni par aucun désir et qu'il ait appris au contraire à se gouverner lui-même dans son for intérieur

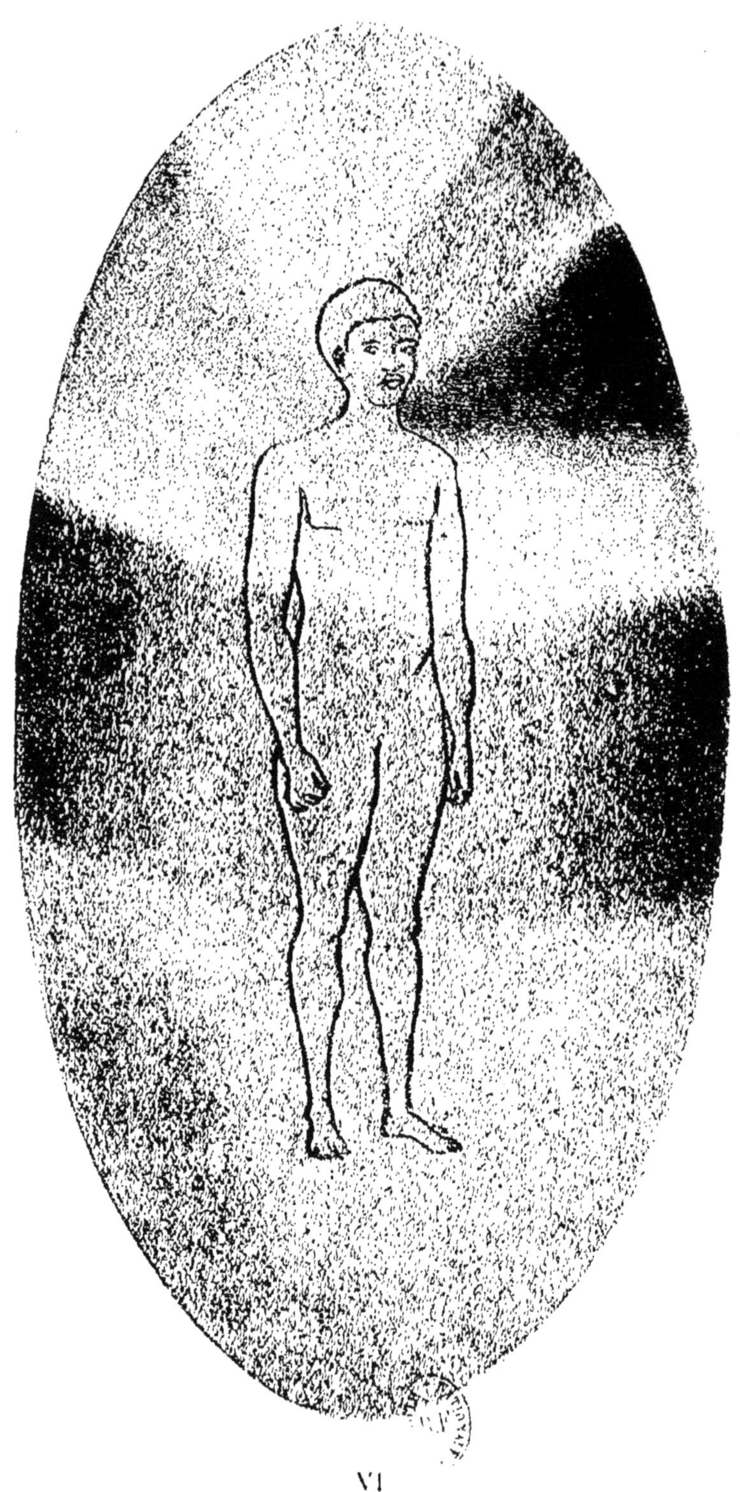

VI

CHAPITRE XII

CE QUE NOUS MONTRENT SES CORPS

L'homme apprend graduellement la leçon dont nous venons de parler ; aussi les premières manifestations de l'homme inculte sur les plans inférieurs ne sont-elles assurément pas belles à voir. Nous n'avons pas mis l'homme absolument primitif au nombre de nos types illustrés : son cas nous fournirait trop peu de choses à représenter. Le sauvage, dont le corps causal est représenté par la planche V, posséderait vraisemblablement un corps mental à très peu près tel que le figure la planche VI, et un corps astral du type donné par la planche VII.

Il faut bien se rendre compte que tous ces corps occupent le même espace et s'interpénètrent les uns les autres, de sorte qu'en observant le sauvage à l'aide de la clairvoyance, nous verrions son corps physique entouré d'un nuage lumineux, de forme ovoïde, mais ce nuage se présenterait sous une des apparences figurées aux planches V, VI ou VII, suivant le mode de clairvoyance employé.

L'emploi de nos *sens astraux* nous permettrait de voir seulement le corps astral de cet homme, et son examen nous ferait connaître les passions, émotions ou sensations que l'homme éprouve sur le moment et celles auxquelles il a l'habitude de céder fréquemment. Le véhicule astral est le champ des manifestations du désir, le miroir dans lequel chaque fait de sensibilité se reflète instantanément, dans lequel chaque pensée doit trouver son expression pour peu qu'elle ait quelque rapport avec la personnalité. Ses matériaux fournissent une forme corporelle aux sombres élémentals que l'homme crée et met en œuvre par ses désirs mauvais et ses sentiments malveillants ; ils procurent de même leur forme aux élémentals bienfaisants auxquels donnent naissance la bienveillance, la gratitude et l'amour.

Comme on doit naturellement s'y attendre, les manifestations du corps astral sont peu permanentes : ses couleurs, son éclat, la rapidité de ses pulsations, tout varie d'un instant à l'autre. Une explosion de colère chargera le corps astral tout entier d'éclairs rouge sombre sur un fond noir ; une terreur soudaine le voilera instantanément d'un nuage gris d'une lividité effrayante. Toutefois, ce véhicule astral si mobile a, lui-même, des moments de repos relatif qui nous permettront d'y observer un groupe défini de couleurs conservant plus ou moins la même disposition. Nous avons choisi un de ces moments pour notre illustration (planche VII), qui, nous le verrons plus loin, fournit bon nombre d'indications sur le sujet en observation.

L'emploi de notre *vue mentale* nous permettrait d'apercevoir le corps mental de cet homme et ce corps ressemblerait probablement à celui que figure la planche VI. Dans la mesure où leurs couleurs respectives sont comparables, ce corps mental concorderait à peu près avec le corps astral à l'état de repos, mais il représenterait bien davantage encore : nous y verrions apparaître le degré de développement intellectuel et spirituel de l'homme, élément qui se réduit à peu de chose, sans doute, dans le

VII

cas de notre sujet, mais qui prend plus tard une importance considérable, comme nous le verrons ultérieurement. — L'examen du corps mental nous permet donc de déduire à quelle espèce d'homme il appartient et l'usage que celui-ci a fait de son existence jusqu'au point où il se trouve dans l'incarnation en cours.

Enfin, si nous sommes assez heureux pour avoir le parfait usage de la vue dans notre *corps causal* et si nous l'employons à notre enquête, nous verrons le corps causal du sauvage, et l'examen de celui-ci nous apprendra le degré d'avancement de sa vie réelle, en tant qu'âme, — les progrès accomplis par l'Ego dans le développement qui le fait tendre vers la Divinité. On voit donc qu'aux niveaux divers où elle se déroule, la vie tout entière de l'homme se présente comme un livre ouvert aux yeux du clairvoyant entraîné, capable d'exercer les divers modes de vision correspondants, car il n'y a ni dissimulation, ni déguisements possibles sur ces plans élevés : tel il apparaîtra devant l'observateur impartial.

Je dis *impartial :* il ne faut jamais oublier en effet que chacun voit autrui par l'intermédiaire de ses propres véhicules et, par ce fait, se trouve un peu dans les conditions d'un observateur qui regarderait un paysage à travers un verre coloré. Tant qu'il n'aura pas appris à tenir compte de cette influence, le clairvoyant sera exposé à considérer comme prédominantes, dans le sujet qu'il observe, les caractéristiques auxquelles il est lui-même le plus disposé à répondre ; mais il lui suffira d'un peu de pratique attentive pour s'affranchir de l'altération visuelle produite par ce facteur personnel et devenir apte à lire d'une manière claire et exacte.

CHAPITRE XIII

LES COULEURS — LEUR SIGNIFICATION

Pour être à même d'entreprendre une étude intelligente de ces divers corps dans leur détail, nous devrons au préalable nous familiariser avec la signification générale des teintes variées qu'ils présentent (on en trouvera l'indication dans notre frontispice). La combinaison de ces couleurs principales rend possible une variété presque infinie de teintes secondaires : je me suis efforcé de donner, avec toute l'approximation possible, la teinte exacte qui exprime, sans mélange d'aucune autre, l'émotion dont le nom lui est associé ; toutefois, les émotions humaines ne sont presque jamais sans mélange et l'observateur doit constamment classifier des nuances indéterminées en analysant les facteurs nombreux qui participent à leur formation.

La colère, par exemple, est représentée par le rouge écarlate, et l'amour par le cramoisi et par le rose, mais, bien souvent, la colère et l'amour sont profondément empreints d'égoïsme ; en ce cas, la teinte brun gris, caractéristique de ce vice, viendra altérer la pureté de leurs couleurs respectives, dans la mesure où il s'alliera à ces sentiments. La colère et l'amour peuvent encore être mêlés d'orgueil, que décèlerait immédiatement une teinte orange foncé.

Au cours de notre investigation, nous étudierons maints exemples de mélanges pareils et les teintes qui en résultent, mais nous devons nous appliquer, tout d'abord, à apprendre à lire la signification des teintes plus simples. Nous donnons ci-après une liste des plus communes d'entre elles.

Noir. — De lourds nuages noirs dans le corps astral indiquent la haine et la méchanceté : quand, par malheur, une personne se livre à un accès de colère passionnée, les terribles formes-pensées de la haine peuvent généralement s'apercevoir, flottant dans son aura, comme les spirales d'une épaisse fumée.

Rouge. — Des éclairs d'un rouge foncé, habituellement sur fond noir, dénotent la colère ; il s'y mêle plus ou moins de brun, suivant que l'égoïsme participe plus ou moins directement à la colère éprouvée. Ce qu'on appelle parfois « une noble indignation », chez un individu opprimé ou offensé, peut s'exprimer par des éclairs d'un rouge écarlate brillant sur le fond ordinaire de l'aura.

Rouge sang sombre. — Cette couleur, difficile à décrire, bien qu'il soit impossible de s'y méprendre, est l'indice de la sensualité.

Brun. — Le brun rouge terne, presque couleur rouille, dénote l'avarice ; cette teinte se dispose généralement en barres parallèles en travers du corps astral, auquel elle donne un aspect très curieux.

Le *brun gris*, dur et terne, représente l'égoïsme : c'est malheureusement une des couleurs les plus communes dans le corps astral.

Le *brun verdâtre*, illuminé d'éclairs rouge sombre ou écarlates, indique la jalousie : on observe presque toujours cette couleur en quantité appréciable chez l'homme ordinaire, quand il est sous l'empire du sentiment qu'on appelle de l'amour.

Gris. — Une teinte lourde d'un gris plombé exprime un abattement profond ; quand il est habituel, il prête parfois au corps astral un aspect morne et attristant au delà de toute expression. Cette couleur partage avec celle de l'avarice la particularité curieuse de se disposer en bandes parallèles : l'une et l'autre donnent l'impression qu'elles enferment leur malheureuse victime dans une sorte de cage astrale.

Le *gris livide*, teinte hideuse et effrayante, indique la peur.

Cramoisi. — Cette couleur, indice de l'amour, constitue souvent le plus beau des éléments que présentent à l'observateur les véhicules de l'homme ordinaire. Elle varie naturellement beaucoup selon la qualité de l'amour : elle peut être terne, foncée, fortement teintée du brun de l'égoïsme, si le soi-disant amour considère avant tout la somme d'affection qu'il reçoit d'autrui, ce que lui rapportent les « placements » de la sienne. Au contraire, si cet amour ne pense jamais à lui-même, ni à ce qu'il reçoit, s'il songe uniquement à ce qu'il peut donner et aux moyens de se donner tout entier en sacrifice volontaire pour l'amour de l'être aimé, il s'exprime alors par une ravissante couleur rose. Quand celle-ci est exceptionnellement brillante et teintée de lilas, elle dénote un amour plus spirituel pour l'humanité : les nuances intermédiaires sont innombrables. D'autre part, l'affection peut naturellement être teintée par divers autres sentiments, orgueil, jalousie, etc.

Orange — Cette couleur représente toujours l'orgueil ou l'ambition, elle a presque autant de variétés que la précédente, selon la nature spéciale de ces sentiments : il n'est pas rare de la trouver jointe à l'irritabilité.

JAUNE. — Cette couleur de très bon indice implique toujours un certain degré d'intellectualité : extrêmement variées, ses nuances sont parfois rendues fort complexes par le mélange d'autres teintes. En termes très généraux, le jaune est plus foncé et plus terne quand l'intellect s'applique principalement à des objets inférieurs et en particulier égoïstes ; il devient brillant et doré et s'élève graduellement à un jaune splendide, clair et lumineux, nuance citron ou primevère, quand l'intelligence s'adonne à des objets de plus en plus élevés et impersonnels.

VERT. — Aucune couleur ne comporte autant de significations variées que celle-ci et elle demande quelque étude pour être interprétée correctement. La plupart de ses manifestations décèlent une sorte d'*adaptabilité*, primitivement mauvaise et fourbe, mais parfois bonne et sympathique.

Le *gris vert* — une de ses variétés difficiles à caractériser autrement que par l'épithète « *vaseux* » — indique la fourberie et la ruse ; sa prédominance se remarque dans le corps astral de la plupart des sauvages, mais elle n'est malheureusement pas rare chez les hommes plus civilisés, qui devraient avoir dépassé depuis longtemps le degré d'évolution qu'elle indique ! A mesure que l'homme progresse, cette teinte s'améliore et se transforme en un vert émeraude vif, qui signifie encore la versatilité, l'ingéniosité et la fertilité en ressources, mais n'implique plus la tendance à faire usage de ces qualités dans de mauvaises intentions. Elle dénote la faculté d'être

« tout à tous », non plus dans le dessein de les tromper ou de les induire en erreur, mais d'abord pour leur plaire, obtenir leurs louanges ou leur faveur, et ensuite, à mesure que la compréhension se développe, pour leur venir en aide et les fortifier. Cette couleur devient parfois d'un ravissant *bleu vert*, pâle et lumineux, nuance délicate qu'on peut voir dans un ciel exceptionnellement pur au coucher du soleil ; elle représente alors quelques-unes des plus hautes qualités de la nature humaine, la plus profonde sympathie et la compassion, jointes à un pouvoir d'adaptabilité parfaite que, seules, elles peuvent donner. Dans son premier développement, une teinte brillante vert pomme semble accompagner toujours une forte vitalité.

Bleu. — Un bleu transparent quoique foncé indique généralement le sentiment religieux, mais il présente aussi des variétés innombrables, suivant les caractères de ce sentiment pur ou empreint de bigoterie, égoïste ou noble.

Il est susceptible d'être teinté par la plupart des qualités mentionnées plus haut et donne ainsi lieu à toutes les nuances possibles, depuis l'indigo d'une part et le vio'et profond de l'autre, jusqu'au gris bleu plombé qui caractérise les adorateurs de fétiches en Afrique : les teintes de l'amour ou de la crainte, de la dissimulation ou de l'orgueil peuvent se mêler à celle du sentiment religieux et offrent à l'observateur une immense variété de combinaisons.

Un *bleu léger*, comme l'outre-mer ou le cobalt, montre le dévouement à un noble idéal spirituel ; il peut s'élever graduellement à un bleu lilas lumineux, qui indique une spiritualité supérieure et s'accompagne généralement alors de gerbes étincelantes d'étoiles d'or, indice de hautes aspirations spirituelles. On imagine aisément la quantité presque innombrable de combinaisons et de modifications à laquelle toutes ces teintes peuvent donner naissance, de manière à exprimer avec la plus grande exactitude les nuances les plus délicates du caractère, les sentiments les plus complexes et les plus fugitifs ? L'éclat du corps astral dans son ensemble, son contour plus ou moins net, le degré relatif de rayonnement de ses différents centres de force, sont autant d'éléments dont l'observateur doit tenir compte pour saisir la signification intégrale de ce qu'il voit.

Nous mentionnerons enfin un dernier fait digne d'attention : les facultés psychiques, développées ou en voie de développement, ont pour indice des couleurs qui sont au delà du spectre visible, en sorte qu'il est impossible de les représenter avec des teintes empruntées à celui-ci. Les couleurs ultraviolet dénotent le développement de qualités plus élevées et plus pures, tandis que les tristes combinaisons des teintes infrarouge révèlent la perversité de l'homme qui pratique les formes mauvaises et égoïstes de la magie. L'avancement occulte se décèle non seulement par la présence dans l'aura des couleurs correspondantes, mais encore par l'éclat plus lumineux des divers véhicules, par l'augmentation de leurs dimensions et par la netteté plus grande de leurs contours : nos planches coloriées le font ressortir dans la suite.

CHAPITRE XIV

LE SAUVAGE

Considérons maintenant le *corps mental* du sauvage (pl. VI), en faisant application de ces données : à première vue, elles nous révèlent plusieurs faits certains en ce qui le concerne. Bien qu'en somme ce corps mental soit fort pauvre et peu développé, il témoigne cependant que l'homme a fait quelques progrès. Le jaune terne, à la partie supérieure, indique une certaine somme d'intelligence, mais la teinte sale montre aussi qu'elle s'applique exclusivement à des fins égoïstes. Le gris bleu dénote une dévotion qui doit être un fétichisme largement teinté par la crainte et inspiré par des considérations d'intérêt personnel, tandis que le cramoisi de teinte boueuse, que nous voyons à notre gauche, nous fait supposer un commencement d'affection qui doit encore être principalement égoïste. La bande de couleur orange terne implique l'orgueil d'ordre tout à fait inférieur ; la large tache d'écarlate exprime une forte tendance à la colère qu'enflammerait évidemment la moindre provocation. La large bande vert sale, qui tient une si grande place dans le véhicule considéré, décèle la fourberie, la perfidie et l'avarice, ce dernier défaut indiqué par une teinte brunâtre bien visible. Enfin, nous remarquons, à la base de l'ovale, une sorte de dépôt de couleur boueuse, qui suggère l'égoïsme en général et l'absence de toute qualité désirable.

L'absence même de toute qualité supérieure bien définie, dans ce corps mental, nous permet de prévoir avec certitude que, si nous nous reportons au *corps astral* correspondant (pl. VII), nous constaterons que notre homme ne possède presque aucun contrôle sur celui-ci ; et, en effet, nous remarquons, dans ce véhicule du désir, une énorme proportion exclusivement occupée par la sensualité que décèle un brun rouge de mauvais aspect, voisin du rouge sang. Il est dificile de reproduire la teinte lugubre qui caractérise cet instinct déplorablement commun, exception faite pour les âmes plus avancées.

La fourberie, l'égoïsme et l'avidité sont en évidence ici, comme on pouvait s'y attendre, et la colère farouche se révèle par des taches de rouge écarlate terne ; c'est à peine s'il y a trace d'affection, et le peu d'intelligence et de sentiment religieux qui apparaissent sont d'ordre aussi bas que possible.

Notons, en outre, l'irrégularité des contours de ce corps astral, son aspect tacheté et la disposition des couleurs : quand nous passerons aux véhicules d'êtres humains plus évolués, nous constaterons un progrès considérable à cet égard. Les couleurs se mêlent toujours dans une certaine mesure et se fondent les unes dans les autres, mais, chez l'homme ordinaire, elles ont cependant une tendance à se disposer par bandes plus ou moins régulières, en même temps que le contour du corps devient assez régulier et bien défini. Dans le sauvage, au contraire, tout est irrégulier et confus : il est évidemment l'esclave d'impulsions violentes et souvent vicieuses, auxquelles il cède à l'instant, sans le moindre effort pour les surmonter. C'est en somme un être très déplaisant ; cependant chacun de nous a passé par cette phase, et les expériences que nous y avons faites nous ont mis à même de nous élever jusqu'à une condition un peu plus pure et plus noble.

Seules, quelques races nègres inférieures et les vestiges de la troisième race-mère présentent aujourd'hui un degré d'évolution aussi bas. Nous appelons indistinctement « sauvages » des hommes dont un grand nombre (certains Zoulous, Maoris ou Insulaires du Pacifique, par exemple) ont déjà atteint un développement considérable et gagneraient à la comparaison avec les spécimens inférieurs de notre propre civilisation. Tout en tenant largement compte des variations individuelles, le corps astral de ces sauvages relativement supérieurs offre, en général, un aspect intermédiaire entre celui de notre planche X et celui de la planche VII.

Si l'on veut se faire une idée de l'aspect des divers véhicules humains, il est indispensable de ne jamais oublier que les parcelles de matière qui les constituent sont constamment animées d'un mouvement rapide : dans certains cas, dont mention sera faite en son temps, ces corps présentent des bandes distinctes et des lignes clairement définies, mais, dans la grande majorité des cas, les nuages de couleur ne se fondent pas seulement les uns dans les autres ; ils roulent sans cesse les uns sur les autres, apparaissant et disparaissant par suite de ce mouvement. En fait, la surface de ce brouillard lumineux, aux brillantes couleurs, ressemble un peu à celle de l'eau qui bout fortement : on y voit des particules qui tourbillonnent, qui montent à la surface et re-

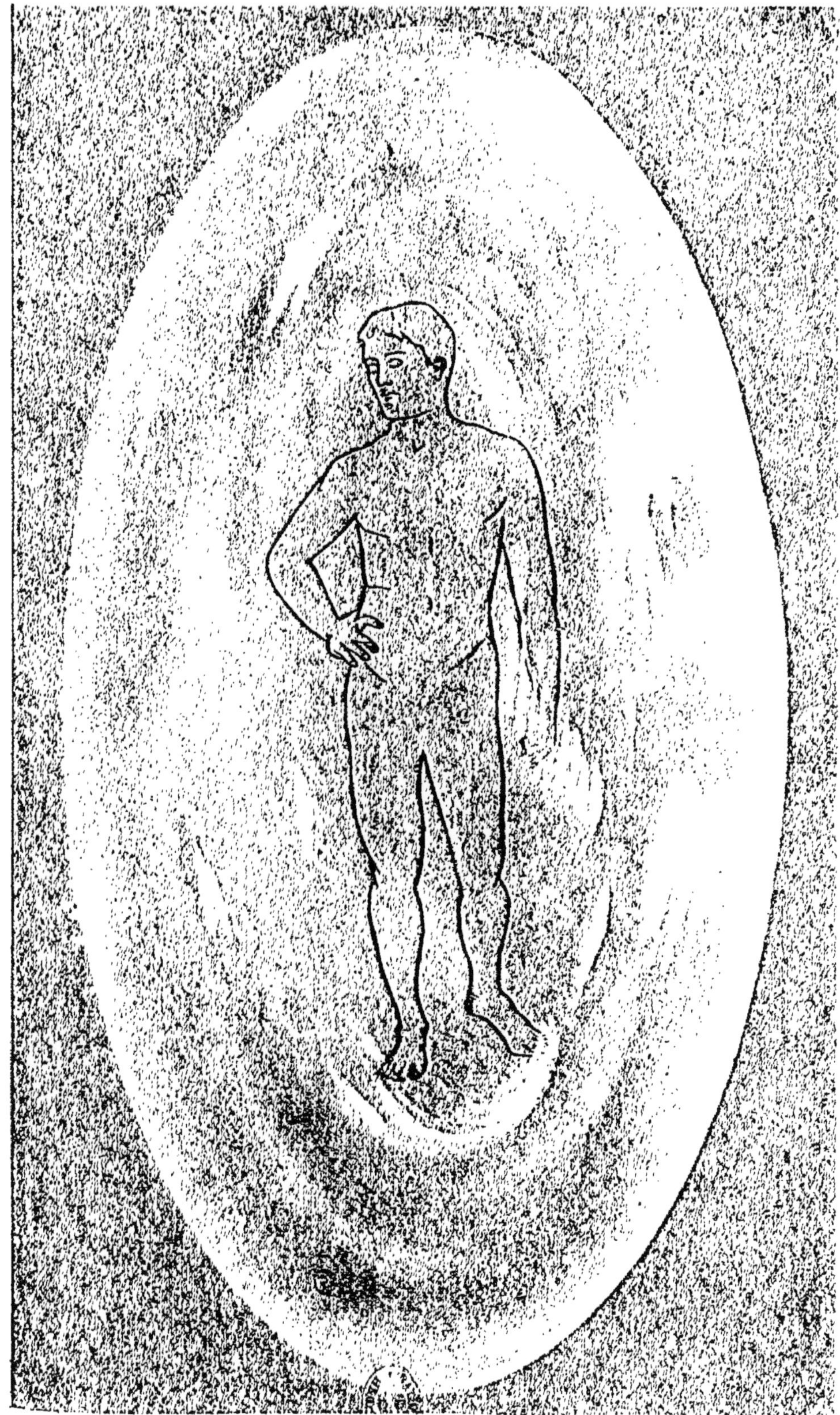

VIII

tombent, qui changent sans cesse de place. Ainsi, les diverses couleurs ne conservent pas toujours les positions respectives où nos illustrations les représentent, et cependant il n'en est pas moins vrai qu'elles gravitent autour de l'arrangement indiqué : le jaune, le rose et le bleu ne se trouvent pas toujours groupés comme nous les dépeignons, mais ils tournoient et roulent en restant près du sommet de l'ovoïde : on les trouve toujours à proximité de la tête du corps physique, tout au moins quand ils existent, tandis que les couleurs caractéristiques de l'égoïsme, de l'avarice, de la fourberie ou de la haine tendent toujours versle bas et que la grande masse des penchants sensuels flotte habituellement entre les deux.

A chacun de ces degrés vibratoires, qui donnent lieu à la perception de couleurs, correspond un type spécial de matière astrale ou mentale où il a plus librement cours, et la position moyenne de chaque couleur, dans le brouillard sans cesse mouvant de l'aura, dépend en réalité du poids spécifique de la matière correspondante. Toute la matière contenue dans un corps astral, ou peu s'en faut, peut être amenée, par un flot soudain de passion, à participer temporairement aux vibrations de cette passion, mais la masse entière, sauf la portion à laquelle ce mode vibratoire est normal, reprendra son propre mode de vibration, aussitôt que la force accidentelle cessera d'agir. Chaque homme a naturellement son idiosyncrasie propre, et il n'en est pas deux exactement semblables ; toutefois, chacun de nos exemples représente une section d'un *spécimen* moyen de sa catégorie, et les diverses couleurs de ses véhicules sont représentées dans la partie de l'ovoïde où elles se trouvent habituellement.

Le corps physique est esquissé dans chacune de ces figures, à seule fin de donner au lecteur une idée de ses dimensions par rapport à celles des véhicules supérieurs : les dimensions respectives de ceux-ci varient fort peu, sauf chez l'homme hautement développé dont les véhicules, nous le verrons plus loin, augmentent dans des proportions considérables.

Bien des lecteurs, en lisant ces descriptions, se sont imaginé que les hommes, dans le plan astral, n'étaient plus que des formes ovoïdes, aux couleurs chatoyantes, avec un vague reflet de la forme physique, il nous a paru utile de reproduire quelques lignes extraites d'une réponse donnée par l'auteur lui-même (voir *Bulletins théosophiques*, 1920, page 114). « La majeure partie de la matière astrale [d'un corps astral donné], se trouve concentrée dans la contre-partie du corps physique... L'homme représente le spectacle d'un corps astral dont les 99 °/₀ de matière sont concentrés à l'intérieur des limites du corps physique, le 1 °/₀ formant la différence, devant remplir le reste de la forme ovoïde. Dans les planches de *l'Homme, visible et invisible*, nous n'avons fait que tracer au crayon les contours du corps physique, car mon désir, dans ce livre, était de mettre spécialement en relief les couleurs de l'ovoïde et la façon dont elles illustrent le développement de l'homme par le transfert des vibrations des corps inférieurs jusqu'aux corps supérieurs ; mais, en réalité cette contre-partie astrale du corps physique est très solide et définie, et se distingue tout à fait clairement de l'ovoïde environnant ».

Nous pouvons même ajouter que, pour les pèlerins ordinaires du plan astral, cette aura ou ovoïde environnant n'est en réalité visible que par un clairvoyant entraîné. Il en résulte donc que pour la plupart des humains qui séjournent soit temporairement sur ce plan pendant leur sommeil, soit plus longtemps après leur mort physique, l'apparence habituelle des formes humaines n'est pas si différente de celles que nous connaissons. « Il ne faut pas oublier que la pensée a une influence très puissante sur la matière astrale et peut facilement la modeler, de sorte qu'un homme qui, après sa mort, penserait à lui comme plus jeune qu'il ne l'était, en viendrait graduellement à paraître rajeuni. » Il pourrait de même influencer par sa pensée, la nature de ses vêtements, etc...

(Note du traducteur.)

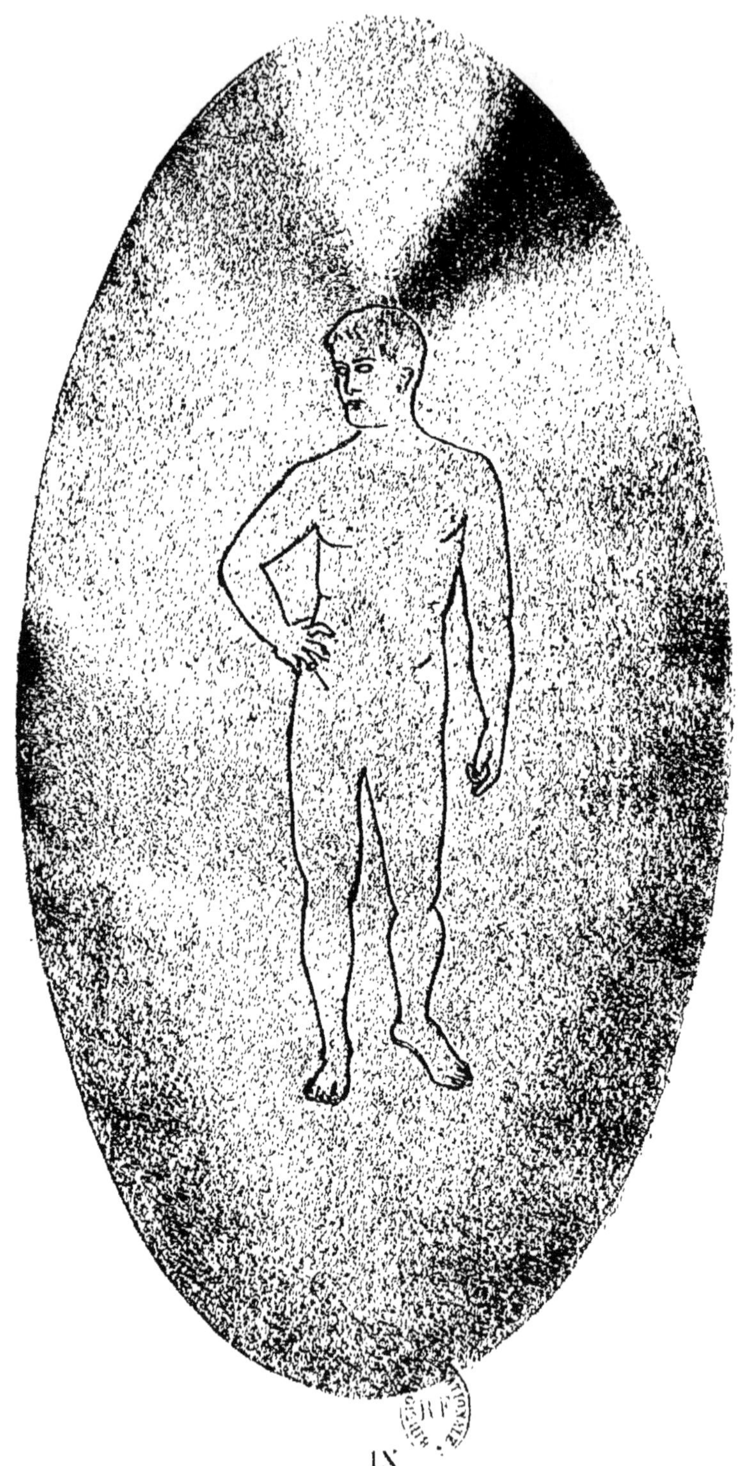

IX

CHAPITRE XV

LA PERSONNE ORDINAIRE

Quittons maintenant le sauvage pour examiner l'homme de la moyenne ordinaire, « le premier homme venu » de notre race et de notre époque : voyons les progrès réalisés par rapport au type précédent et comment ils se manifestent dans les divers véhicules. Nous ne prendrons pour exemple ni un savant, ni une personne raffinée et de haute culture, mais simplement l'homme ordinaire des niveaux inférieurs de la classe moyenne, le petit épicier, l'employé, le concierge ou le facteur, non pas du type le plus grossier, mais de la moyenne vulgaire. Si nous examinons, avec la vision appropriée, le *corps causal* d'un tel homme, nous lui trouverons à peu près le degré de développement indiqué planche VIII : la grande *enveloppe* ovoïde montre un accroissement bien distinct de son contenu, et (bien qu'elle ne soit pas encore à moitié pleine) des couleurs excessivement délicates et éthérées y sont visibles à l'intérieur en certaine quantité. La signification des couleurs est la même, à ce *niveau*, qu'aux niveaux inférieurs, bien qu'elles indiquent ici des qualités définies, acquises d'une façon permanente par l'âme, et qu'elles soient de plusieurs « octaves » au-dessus de celles qui représentent les mêmes qualités sur les plans inférieurs.

L'examen nous prouve que l'homme a déjà développé en lui un peu de l'intelligence supérieure, un peu de vraie dévotion et d'amour véritablement désintéressé : dans la mesure où il parviendra à les exprimer sur les plans inférieurs, ces qualités lui appartiennent désormais comme une sorte de fonds de commerce, comme qualités inhérentes pour toutes les incarnations que l'avenir lui réserve. Son corps causal nous montre même une teinte légère de ce violet si délicat, indice de l'amour et de la dévotion capables de se tourner vers le plus haut idéal ; on y voit aussi une légère teinte vert clair représentant la sympathie et la compassion.

Le *corps mental* de l'homme ordinaire (pl. IX) témoigne d'un progrès déjà considérable par rapport à celui du sauvage : non seulement l'intelligence, l'amour et la dévotion y occupent une proportion plus grande, mais, en outre, toutes ces caractéristiques ont largement gagné en qualité. A vrai dire, elles sont fort loin d'être parfaitement pures, mais elles présentent assurément un ensemble de tons beaucoup meilleur que la planche VI. L'orgueil tient tout autant de place qu'auparavant, mais au moins est-il d'ordre plus élevé : si l'homme est encore orgueilleux, ce sera plutôt de telles bonnes qualités qu'il s'imagine posséder que de la simple supériorité de son être physique en force brutale ou en cruauté. L'écarlate, en proportion encore assez forte, indique le penchant à la colère, mais on remarquera qu'il est situé plus bas, dans l'ovoïde, que chez le sauvage : ce fait prouve l'amélioration générale de la qualité de la matière dont ce corps mental est composé. Nous avons constaté, dans le corps mental du sauvage, un vert vaseux qui indi-

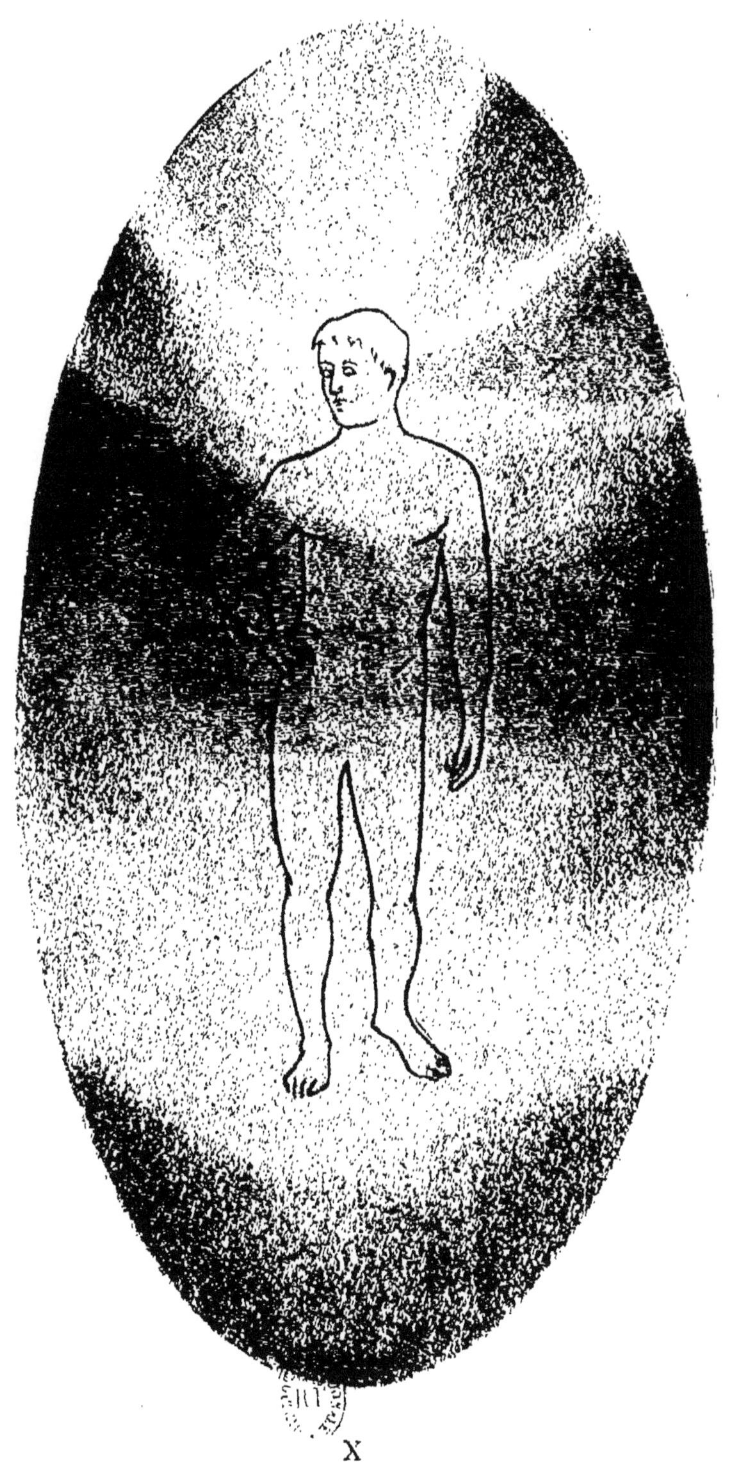

X

quait la fourberie fortement empreinte d'avarice et d'égoïsme : les vibrations productrices de cette teinte se propagent exclusivement dans une matière plus dense et plus grossière que celles de l'écarlate, indice de la colère. Au contraire, le vert, décidément meilleur, que nous présente le corps mental de l'homme ordinaire ne transmet ses vibrations que dans une matière un peu moins dense que l'écarlate ; de là provient apparemment le changement des positions respectives de ces couleurs. Le vert s'est amélioré à un point qui en fait l'indice d'un certain degré de versatilité et d'adaptabilité, plutôt que de fourberie et de ruse. Le brun des tendances égoïstes occupe encore une grande proportion du corps mental, mais on remarquera la nuance un peu plus chaude, un peu moins laide qu'a prise cette même couleur.

Si nous passons à la planche X, nous y trouverons le *corps astral* qui correspond au corps mental de la planche IX, — le corps astral de l'homme ordinaire. Elle permet de constater que ce véhicule concorde, à très peu près, avec son corps mental, bien que les couleurs en soient naturellement un peu plus grossières et qu'il décèle très nettement certaines passions qui ne peuvent s'exprimer sur le plan supérieur. Néanmoins il présente une amélioration considérable par rapport au corps astral du sauvage (pl. VII): il montre moins de sensualité, bien que ce soit malheureusement encore une des caractéristiques prédominantes, mais elle est moins foncièrement brutale et cesse d'être toute-puissante. L'égoïsme reste très accentué, et certes l'homme est encore capable de tromper pour en arriver à ses fins, mais déjà le vert de son véhicule astral semble se diviser en deux qualités distinctes, montrant ainsi que la ruse proprement dite devient graduellement de l'adaptabilité.

Notre illustration (pl. X) représente la *qualité* moyenne du corps astral chez le type d'homme auquel il appartient : d'autre part, il indique la *condition* moyenne de ce corps, quand il est relativement au repos. Le corps astral d'une personne ordinaire, quelle qu'elle soit, est si rarement au repos que nous nous ferions une idée très incomplète des aspects qu'il peut prendre, si nous négligions d'examiner l'apparence qu'il nous montre sous diverses influences accidentelles, une impulsion soudaine ou un flot de sensations. Il est, de plus, certaines attitudes plus permanentes de l'esprit qui modifient le corps astral et qui sont suffisamment distinctives pour être dignes de remarque : en conséquence, nous consacrons les quelques pages suivantes à décrire ces divers effets.

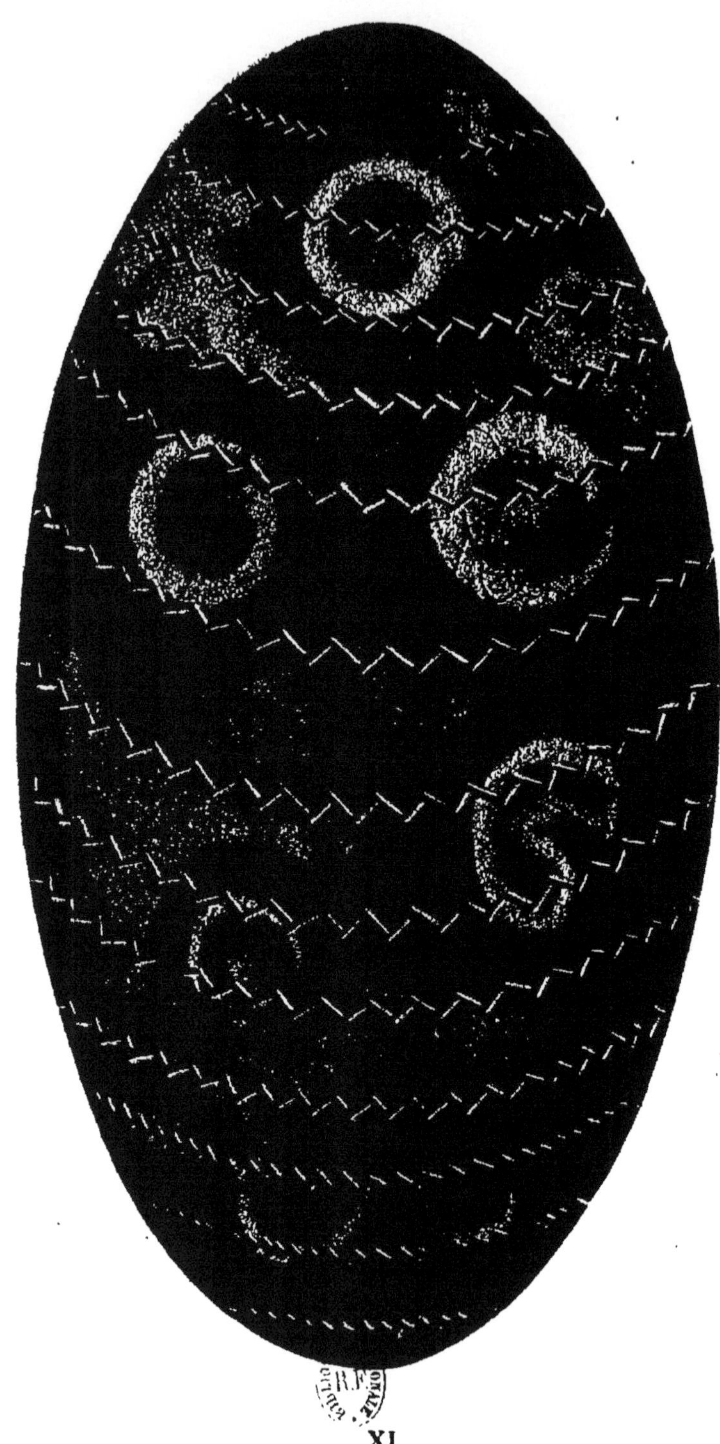

XI

CHAPITRE XVI

ÉMOTIONS SOUDAINES

Quelques-unes de ces émotions produisent dans le corps astral les résultats les plus frappants, résultats qui méritent bien une étude attentive.

Dans la planche XI, par exemple, on a tenté de peindre les effets qui se manifestent chez une personne transportée par un élan soudain d'affection vive et parfaitement pure, une mère, par exemple, quand elle saisit son enfant dans ses bras et le couvre de baisers. Une violente agitation envahit subitement le corps astral et, pendant un moment, les couleurs qui lui sont naturelles, à l'état de repos, sont presque obscurcies. Dans ce cas, comme dans tous les suivants, le corps astral de la personne ordinaire, tel que le représente la planche X, est pris comme base ou comme arrière-plan de l'illustration, mais on en voit fort peu de chose pendant le passage d'une émotion violente. Si l'on analyse, sur la planche XI, le changement survenu, on trouvera qu'il consiste en quatre modifications distinctes :

1° Des spires ou tourbillons de couleur vive, de forme bien définie, sont apparus : ils ont une apparence solide et rayonnent une lumière intense qui vient de l'intérieur. Chacun d'eux est en réalité une forme-pensée d'affection ardente, engendrée dans le corps astral et sur le point d'être projetée vers l'objet de ce sentiment. Il est difficile de dépeindre ces nuages tourbillonnants de lumière vivante : la beauté de leur aspect dépasse toute description.

2° Le corps astral tout entier est rayé de lignes horizontales de lumière cramoisie, animées de vibrations et plus difficiles encore à représenter exactement que les formes-pensées, à cause de l'extrême rapidité de leur mouvement. Néanmoins, l'artiste a fort heureusement saisi l'effet général.

3° Une sorte d'enveloppe très mince, de couleur rose, couvre la surfaee entière du corps astral, en sorte que tout l'intérieur est vu à travers celle-ci comme à travers un verre coloré : sur notre dessin, elle se voit seulement sur les bords.

4° Un afflux de teinte cramoisie remplit le corps astral, colorant, en quelque mesure, toutes les autres nuances, et, çà et là, se condense en bandes irrégulières et flottantes, semblables à des cirrus à demi formés.

Ce brillant feu d'artifice astral ne durera probablement pas plus de quelques secondes, et ensuite le corps reviendra rapidement à son état normal, mais chaque élan pareil du même sentiment produit son effet : il augmente un peu la teinte cramoisie permanente, à la partie supérieure de l'ovale, et laisse les particules du corps astral un peu plus aptes à propager la prochaine vague d'affection qui se produira. Si transitoire que puisse être une telle impulsion, comme elle se renouvelle maintes et maintes fois, ses effets se cumulent. Notons, d'autre part, comme un élément qu'il ne faut pas oublier, l'heureuse influence exercée sur autrui par le rayonnement des vibrations si pleines de vie de l'amour et de la joie.

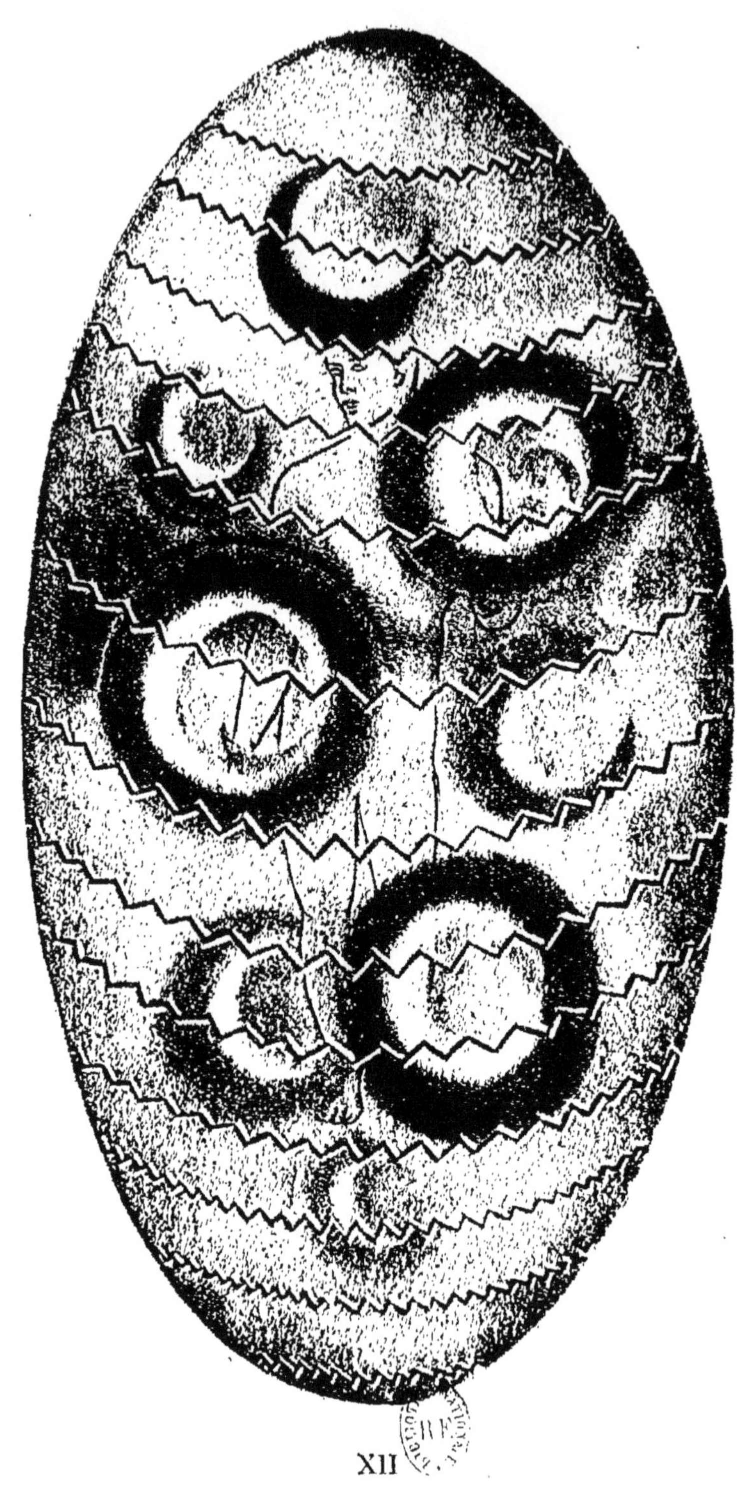

XII

DÉVOTION

La planche XII est presque identique à la planche XI, sauf que le bleu y remplace partout le cramoisi : elle figure l'effet soudain d'un élan de dévotion qui enveloppe et transporte une religieuse en contemplation. Ses manifestations prennent les quatre mêmes formes que nous avons notées dans le cas d'une impulsion affectueuse : les volutes qui étincellent et tourbillonnent, les lignes horizontales qui vibrent avec rapidité, l'enveloppe extérieure et les traînées nuageuses ; leur signification est précisément la même, en substituant partout le sentiment religieux à l'affection.

Un transport aussi parfait de dévotion est assez rare, beaucoup moins commun qu'une explosion d'amour également parfaite : parfois, on peut voir apparaître un flot de sentiments de cette nature, mais généralement sans le même degré de précision, dans le cas d'une personne qui fait acte d'adoration devant un autel ou encore devant une image de la sainte Vierge. D'habitude, les lignes parallèles sont moins régulières et moins accentuées, les volutes nettement dessinées font tout à fait défaut et sont remplacées par des nuages informes de vapeur bleue.

Ces nuages informes d'un bleu foncé se voient très souvent dans les églises, où ils se déroulent lentement, comme les tourbillons d'une épaisse fumée, au-dessus de la tête des assistants. On ne voit rien de pareil dans les églises à la mode où les hommes repassent dans leur esprit les vicissitudes de leur dernière spéculation tandis que les dames sont tout aux délices de critiquer mutuellement leurs toilettes ;

rien de semblable non plus dans certaines assemblées religieuses où les pensées ne s'arrêtent à rien d'aussi humble que l'adoration et la dévotion, où la suffisance et le contentement de soi-même éclatent aussi bien dans les harangues grandiloquentes et pompeuses du prédicateur que dans l'attitude des auditeurs, toujours prêts pour la controverse et pour la chasse à l'hérésie. Au contraire, une dévotion très réelle se manifeste parfois. comme il est dit plus haut, parmi des dissidents illettrés dont elle accompagne les chants bien sentis, sinon harmonieux, quelquefois aussi parmi de pauvres paysans, dans une église catholique, et, plus souvent encore, parmi les fidèles pleins de zèle et de dévouement de l'Eglise dite ritualiste. Cette dévotion peut n'être pas particulièrement intelligente, car les grands nuages bleus s'illuminent rarement de la plus faible lueur dorée ; toutefois elle est sincère, telle qu'elle se manifeste, et elle a indubitablement pour effet d'élever ceux qui l'éprouvent.

Dans la grande majorité des cas, cependant, la dévotion, comme sentiment, semble être plutôt vague et mal définie : il est vraiment rare d'en observer un spécimen aussi parfait que celui dont nous donnons l'image.

COLÈRE INTENSE

La planche XIII est peut-être, de toute notre série, celle dont l'aspect est le plus frappant et, sans autre commentaire, elle forme par elle-même un éloquent avertissement contre la folie et la méchanceté de l'homme qui se livre à un accès de colère. Comme dans les cas précédents, le corps astral à l'état nor-

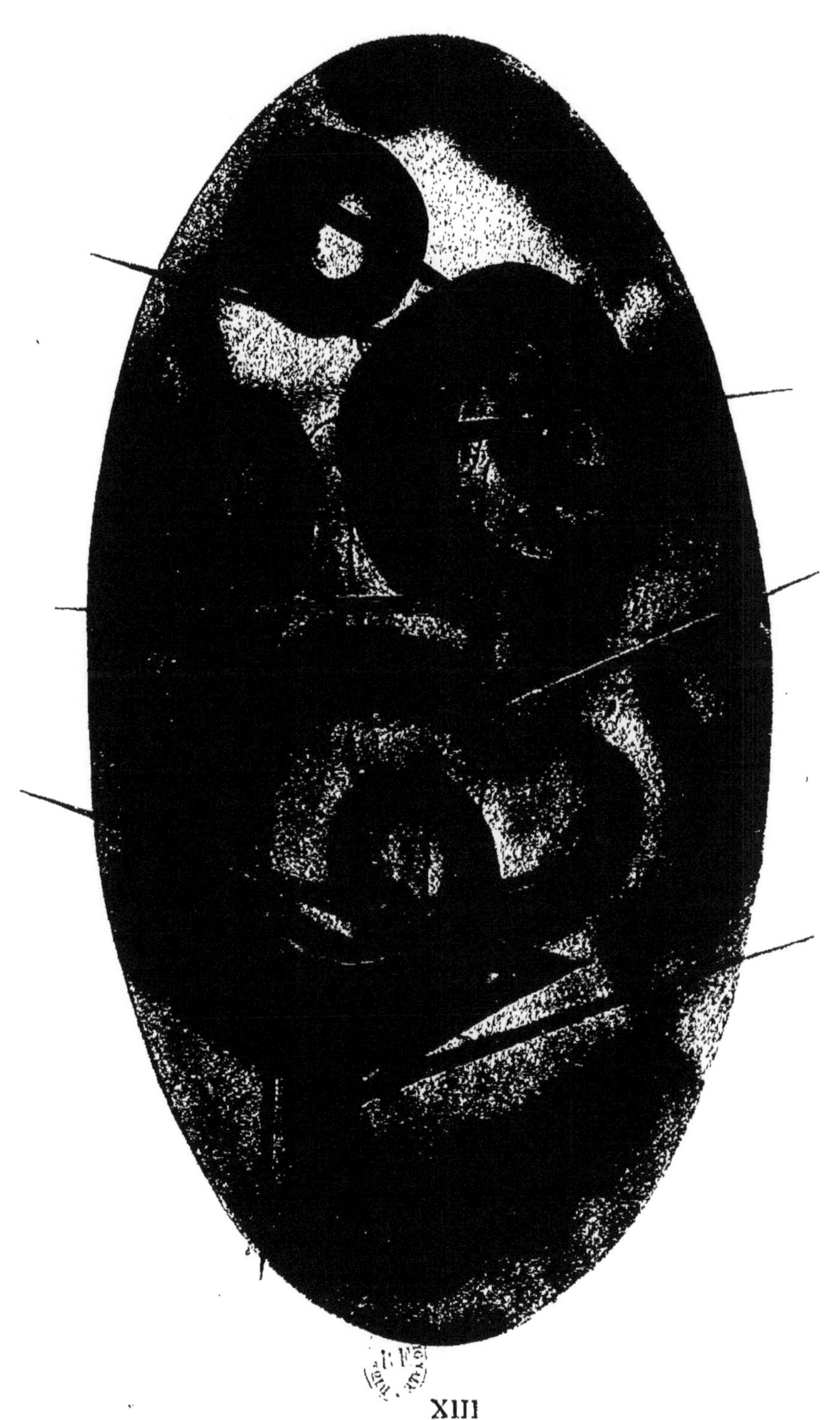

XIII

XIII

mal, qui forme l'arrière-plan, est momentanément obscurci par le flot de passion, mais ici les pensées qui se manifestent, fortes et pleines de vie, sont la méchanceté et la malveillance. Elles s'expriment encore en volutes ou en tourbillons, mais semblables, cette fois, à des masses lourdes, orageuses, d'un noir de suie, éclairées intérieurement par les lueurs sinistres de la haine active. Des traînées moins nettes de ces mêmes nuées sombres souillent le corps astral tout entier, tandis que les traits enflammés de la colère sans frein volent parmi elles, comme les éclats de la foudre. C'est un spectacle terrible, vraiment effrayant, et, mieux on le comprend, plus il paraît tel ! Le cas que nous présentons est celui d'un homme transporté de rage, absolument hors de lui, d'un homme qui, pour le moment, a perdu tout contrôle sur lui-même et qui est capable de meurtre ou des plus atroces cruautés. Il peut être poussé à un crime quelconque et, en un instant, commettre un acte que toute une vie de repentir serait impuissante à racheter. Alors même que la discipline de l'éducation et des manières parviendrait à l'empêcher de se livrer à aucune violence extérieure, les terribles éclairs de la haine pénètrent les corps astraux comme des glaives ; cet homme blesse donc ceux qui l'entourent d'une façon tout aussi réelle, bien que moins visible, que s'il les attaquait sur le plan physique !

On éprouve un surcroît d'horreur en songeant que, s'il constitue ainsi une source de dangers pour les autres, il est lui-même absolument sans défense : pour le moment, la passion le domine souverainement, l'élémental du désir est maître suprême, et l'homme réel a temporairement perdu prise sur son véhicule : dans ces conditions une autre volonté plus puissante peut se saisir de ce qu'il s'est laissé arracher, une autre entité à l'affût pourra s'emparer, en quelque sorte, du gouvernail de la barque momentanément abandonnée et en disputer la possession au véritable capitaine, quand celui-ci reviendra ! En d'autres termes, quand un homme est transporté de rage, il est exposé à être « possédé » et obsédé, soit par un désincarné d'une nature analogue, soit par quelque mauvais élémental artificiel dont les vibrations sont synchrones avec celles qui le dominent. Dans ce cas, il est non seulement un danger pour ses semblables, mais il est lui-même en un péril effrayant.

Le cas choisi, comme exemple, est évidemment un cas extrême : un état semblable ne durerait en général pas plus de quelques minutes, mais les mêmes caractéristiques se montrent, en quelque mesure, chez quiconque s'abandonne à un accès de violente colère ; certes, si les hommes savaient sous quel aspect ils apparaissent aux yeux de ceux qui peuvent voir, quand ils se laissent aller à une explosion de fureur, ils s'appliqueraient bien davantage à l'éviter.

Le transport passe, mais il laisse ses traces derrière lui : dans le corps astral de la moyenne des hommes, il existe toujours une certaine quantité d'écarlate qui décèle le penchant à la colère, à l'irritabilité ; chaque explosion de rage y ajoute quelque chose et augmente, dans la matière du véhicule tout entier, la capacité de répondre plus aisément qu'auparavant à ces vibrations si peu souhaitables.

Il faut se rappeler aussi que la colère, bien qu'elle soit impermanente, s'enregistre pour jamais dans la mémoire de la nature ; bien que l'élémental créé

XIV

par la malveilllance cesse d'exister, après un laps de temps proportionné à l'intensité de la mauvaise pensée génératrice, la photographie vivante de tous les instants de sa vie demeure, et tous les résultats de ses actions, juqu'aux plus éloignés, iront, selon une justice rigoureuse, grossir le compte karmique de son créateur.

LA CRAINTE

Les effets de la crainte sur le corps astral sont très frappants : par le fait d'une terreur soudaine, un étrange brouillard d'un gris livide se répand en un instant dans tout le véhicule, tandis qu'apparaissent des lignes horizontales de même teinte, vibrant avec une telle violence qu'on les distingue à peine comme des lignes séparées. L'effet en est indiciblement effrayant, et la peinture est impuissante à en donner une idée fidèle. La planche XIV en suggère l'aspect, aussi bien qu'il est possible de le faire sur le papier, mais elle ne peut rendre l'étrange manière dont toute lumière s'évanouit momentanément dans le corps, ni le tremblement insurmontable qui agite, comme une gelée, toute cette masse grise.

De telles manifestations dénotent une panique mortelle et en général passent promptement. Un état de crainte permanente ou d'extrême nervosité s'expriment par des formes très différentes des mêmes phénomènes, mais la teinte grise toute particulière et le tremblement caractéristique sont les signes invariables de la présence obsédante de la peur.

CHAPITRE XVII

CONDITIONS PLUS STABLES DU CORPS ASTRAL

Nous avons essayé de décrire les effets immédiats de quelques-unes des émotions soudaines qui affectent les véhicules extérieurs de l'homme et d'expliquer que, si fugitives qu'elles soient, elles n'en produisent pas moins, dans l'intérieur de l'âme, des résultats permanents. Il nous reste à décrire la façon dont certaines dispositions, certains types de caractère se manifestent, afin qu'on puisse voir jusqu'à quel point chacun d'eux modifie les progrès de l'homme dans sa voie ascensionnelle.

Il y a une influence, cependant, qui détermine un résultat considérable dans la vie de la plupart des hommes et qui n'appartient exactement à aucune de ces catégories. Elle survient souvent brusquement et, dans la plupart des cas, ne se prolonge pas toute la durée de la vie ; mais elle ne disparaît pas aussi rapidement que celles que nous avons déjà considérées. Quoi qu'il en soit, dans la vie d'un homme semblable à celui que représentent les planches VIII, IX et X, cette influence est habituellement l'événement principal, souvent même le seul point réellement lumineux dans une existence qui, par ailleurs, semble monotone, égoïste et sans élévation — l'unique occasion où cette personne a pu s'élever temporairement au-dessus d'elle même et vivre, pendant

XV

un moment, sur un niveau tout à fait supérieur.

Cette transformation subite survient chez une personne qui « devient amoureuse ». Il est difficile à ceux d'entre nous qui ont le bonheur de vivre d'une vie plus haute et plus cultivée de se rendre compte du changement qu'apporte cette passion dans l'existence de l'homme que avons décrit comme l'homme ordinaire. Ceux qui vivent dans l'atmosphère plus libre des arts, de la musique, de la science et de la philosophie, ceux qui se préoccupent des intérêts du monde en général, et dont les pensées sont habituellement altruistes, peuvent difficilement se reporter, par l'imagination, au degré d'évolution dans lequel ils se trouvaient à des périodes précédentes — la condition d'âmes moins évoluées, avec leur intense centration en soi, leur horizon étrangement limité, leurs visées étroites et mesquines. Il est évident que le divin réside aussi, à l'état latent, dans les âmes plus jeunes, et, lorsque l'occasion se présente, il n'est pas rare de le voir surgir brillamment en des actes d'héroïsme splendide ou d'admirable sacrifice. Mais cela n'empêche que ces âmes *sont* plus jeunes et que, dans les circonstances ordinaires, elles vivent la vie moins développée dont nous avons parlé.

Dans une vie ainsi entravée et limitée, un rayon d'en haut brille soudain, et, en réponse, la divine étincelle qui réside en cet être s'illumine d'une flamme plus vive. Dans la suite cet homme pourra en perdre l'influence salutaire et retomber, une fois de plus, dans l'obscurité des jours d'antan, mais rien ne pourra lui enlever le bénéfice d'avoir vu les portes d'or s'ouvrir devant lui, et d'avoir reçu, jusqu'à un certain point, la révélation glorieuse de la vie supérieure. Il a traversé une phase où, pendant un temps plus ou moins long, le moi a été détrôné, où un autre être a occupé la première place en lui ; et il apprend ainsi, pour la première fois, l'une des leçons les plus précieuses de sa longue évolution. Des âges passeront avant que cette leçon ne soit parfaitement assimilée ; cependant cette première lueur est d'une énorme importance pour l'Ego, et ses effets sur le corps astral méritent une attention spéciale.

La transformation est inattendue et complète, ainsi qu'on peut le voir en comparant la planche X avec la planche XV. Elle est si extraordinaire que les deux corps ne semblent pas appartenir à la même personne. On peut constater que, pour le moment, certaines qualités ont complètement disparu, que d'autres se sont beaucoup développées et que leurs positions respectives ont considérablement changé.

L'égoïsme, la duplicité et l'avarice se sont évanouis, et la portion la plus inférieure de l'ovale est maintenant remplie d'une grande quantité de passions animales. Le vert de l'adaptabilité a été remplacé par le vert brun de la jalousie, et l'extrême activité de ce sentiment se dévoile par les brillants éclairs écarlates, spéciaux à la colère, qui pénètrent cette couleur.

Les changements défavorables sont plus que compensés par la splendide bande cramoisie qui occupe une si large portion de l'ovale. Elle est, pour le moment, la caractéristique dominante, et le corps astral tout entier resplendit de sa lumière. Sous son influence, l'aspect généralement empâté du corps ordinaire a disparu, toutes les teintes sont brillantes et clairement marquées, les bonnes comme les mauvaises. C'est une intensification de la vie dans certaines directions.

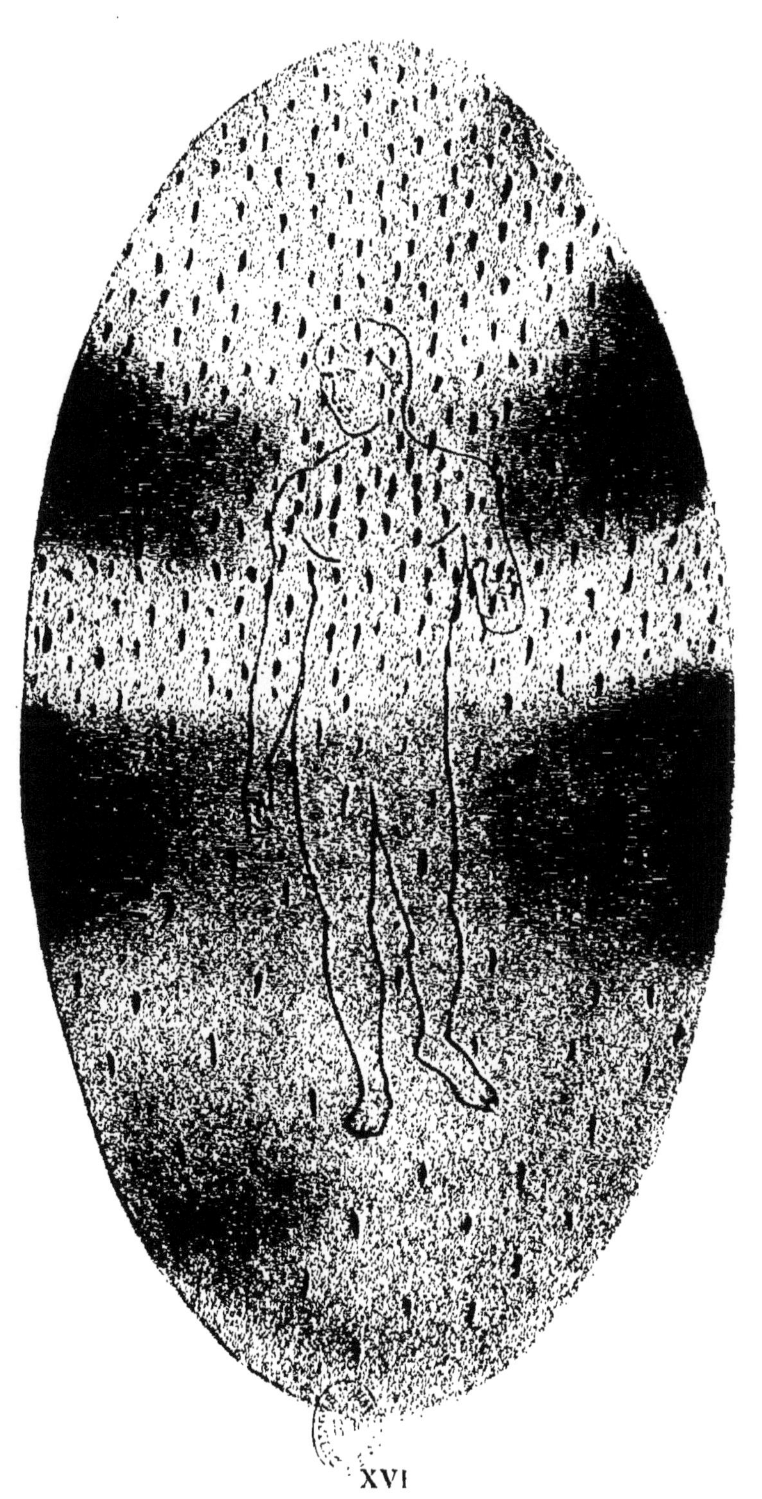

XVI

177[illegible]

On remarquera aussi que le bleu de la dévotion est particulièrement amélioré et (tel a été le progrès réalisé) que même une teinte violet pâle apparaît au sommet de l'ovoïde ; le violet indique la capacité de répondre à un idéal réellement élevé et dépourvu d'égoïsme. Par contre, le jaune de l'intellect a complètement disparu ; ce qui, je crois, ferait dire à un esprit railleur que la stupidité est la caractéristique de cet état.

Il ne semble guère possible qu'après tout ce brillant développement, l'homme puisse retomber de nouveau dans la condition représentée par la planche X ; c'est ce qui arrive, cependant, pour la plupart des cas, mais même alors le cramoisi a considérablement augmenté en quantité et sa teinte est plus vive qu'auparavant. Cette expérience d'un amour réel est assurément très avantageuse pour l'Ego et lui fait faire un progrès défini, quoiqu'elle puisse s'associer à beaucoup de choses peu désirables. L'affection très intense et désintéressée que certains enfants ressentent parfois pour d'autres enfants un peu plus âgés, est un puissant facteur de leur progrès, car, étant libre de toute association avec la nature animale inférieure, elle est généralement un bénéfice sans mélange. Il en est de même de la fleur de l'arbre à fruit ; sa forme, souvent fort belle n'a pas d'utilité apparente, mais elle n'en a pas moins sa fonction : elle favorise la montée de la sève pour le fruit à venir.

L'HOMME IRASCIBLE

Nous allons maintenant examiner de quelle manière certains types spéciaux de caractère se traduisent dans les corps de l'homme. Le cas de l'homme facilement irascible est un bon spécimen. Ainsi qu'on le voit sur la planche XVI, son corps astral laisse voir habituellement, comme note dominante, une large bande écarlate. Mais ce qui le différencie spécialement des autres hommes, c'est la présence, dans toutes les parties du corps astral, de petites taches flottantes, écarlates, ressemblant un peu à des points d'exclamation. Elles sont le résultat de petits accès d'irritation, provoqués par les ennuis légers qui surviennent constamment dans le cours ordinaire de l'existence. Chaque fois qu'il subit une contrariété — si, par exemple, son café est froid, s'il a manqué le train, ou si l'enfant a renversé l'encrier — l'homme irascible laisse échapper une exclamation d'impatience ou de colère, et un petit éclair écarlate trahit ce sentiment non réprimé. Dans certains cas, ces petits messages d'un tempérament indiscipliné s'envolent vers la personne qui s'est rendue coupable du méfait ; mais, dans beaucoup d'autres, ils demeurent simplement flottants, en suspension dans la matière du corps astral et présentent l'apparence figurée dans notre illustration. Ces taches s'effacent graduellement, mais elles sont aussitôt remplacées par d'autres, car l'homme irritable ne manque jamais de sujets d'ennui.

L'AVARE

Un autre spectacle frappant, mais heureusement moins commun, est celui que nous avons représenté planche XVII. Le fond diffère quelque peu du corps astral ordinaire, car il y a absence totale de sentiments religieux et une proportion d'affection de beau-

XVII

coup inférieure à la normale. L'avarice, l'égoïsme, la fourberie et l'adaptabilité (ou mieux, peut-être, l'astuce) sont tous intensifiés, mais, d'autre part, il y a très peu de sensualité. La caractéristique la plus remarquable cependant se trouve dans la curieuse série de lignes parallèles presque horizontales qui rayent l'ovale et donnent l'impression que l'homme semble enfermé dans une cage. Ces raies, d'une couleur brun foncé — presque de la terre de Sienne brûlée — sont unies et nettement marquées à leur bord supérieur, mais se fondent, vers le bas, en une sorte de nuage. Nous avons ici l'exemple d'une avarice bien caractérisée, d'un cas extrême et naturellement peu commun; mais un grand nombre de personnes semblent avoir, dans leur nature, quelques-uns des éléments de l'avare et les manifestent par une intensification de la couleur de l'avarice et par une ou deux de ces barres à la partie supérieure du corps astral ; le spécimen que nous avons choisi est exceptionnel, et il est rare de trouver une personne aussi complètement emprisonnée. Tant qu'il existe, ce vice semble avoir pour effet d'arrêter tout développement et il est très difficile de s'en rendre maître quand, une fois, il domine la personnalité.

ABATTEMENT PROFOND

Le corps astral que l'on voit, planche XVIII, ressemble au précédent sous bien des rapports. Nous avons ici, cependant, des lignes d'un gris terne au lieu de lignes brunes, et l'effet total, pour l'observateur, est indescriptible, tant il est triste et déprimant. Il ne semble pas, dans ce cas particulier, qu'aucune qualité soit nécessairement absente ; nous avons simplement, comme fond, les couleurs ordinaires du corps, mais toutes sont voilées par ces lignes lourdes et d'une tristesse morne. Notre tableau représente une personne sujette à un accès d'extrême abattement, et il y a naturellement un très grand nombre de degrés intermédiaires entre l'exemple que nous avons choisi et celui représenté par un corps astral en bonne condition. Un homme peut n'avoir que quelques-unes de ces raies qui caractérisent l'abattement, elles peuvent même n'être que transitoires, ou bien, dans des cas moins sérieux et moins persistants, l'épais nuage peut avoir à peine le temps de se déposer en lignes. Néanmoins trop de gens, encore, s'abandonnent à ces impressions et laissent se refermer autour d'eux le brouillard du désespoir ; le monde entier leur semble alors revêtu d'un voile noir. Ils ne se rendent pas compte que, par cette attitude d'esprit, ils retardent sérieusement leur propre évolution, perdent l'occasion de maintes expériences profitables et causent aussi, sans nécessité, des torts et des souffrances à leur entourage.

Il n'est pas d'état psychique qui soit plus contagieux que celui-ci ; ses vibrations rayonnent dans toutes les directions et leurs effets dissolvants et funestes pénètrent tout corps astral qui s'en approche, qu'il appartienne à un incarné ou à un désincarné. L'homme qui s'abandonne ainsi au découragement est un danger pour les vivants et pour les morts, car, en ces temps de surmenage intellectuel et de nervosité, la plupart des gens résistent difficilement à la contagion de ces tristes vibrations. Seul est à l'abri de ces terribles influences, celui qui comprend en partie le pourquoi de la vie, celui qui l'envisage au

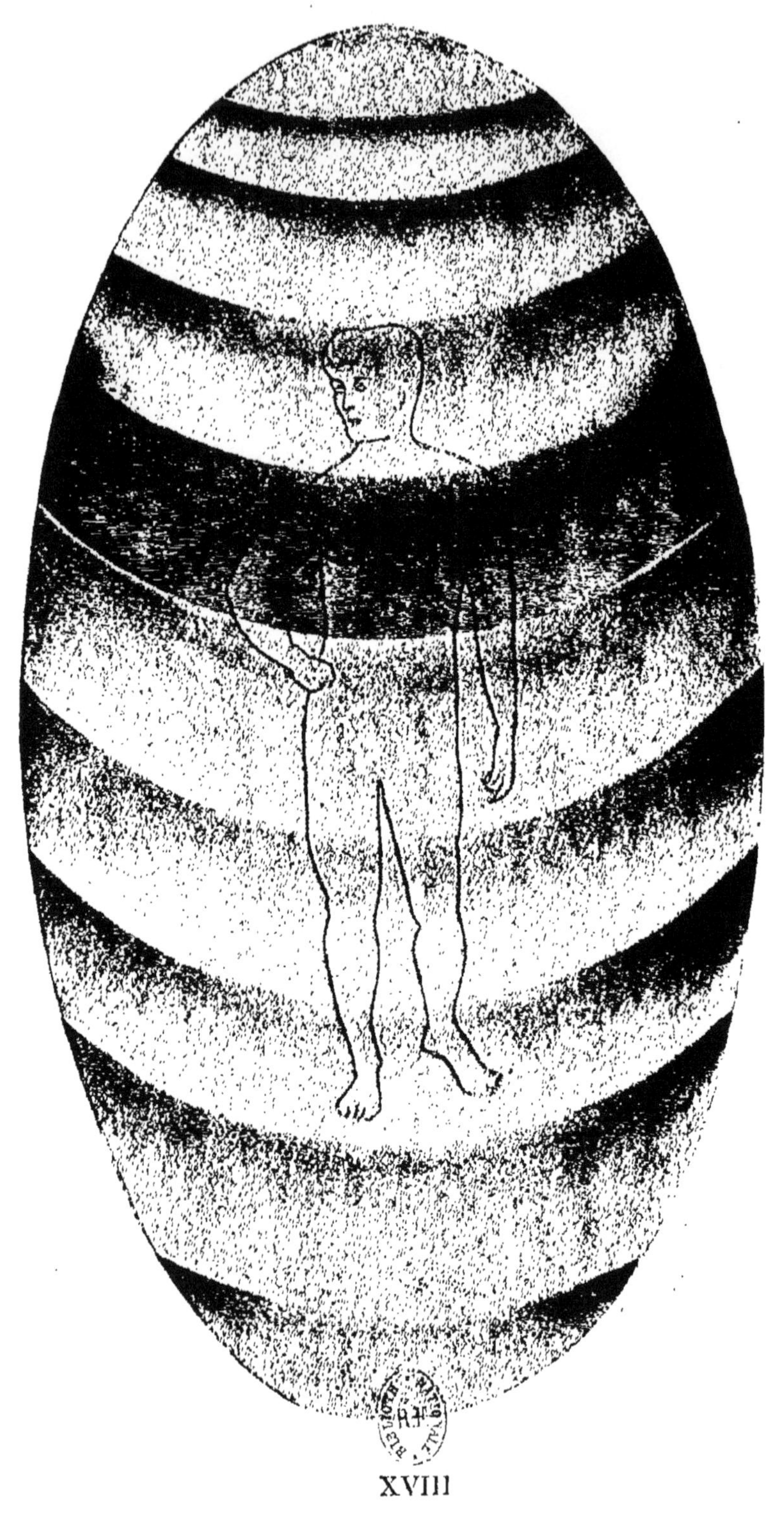

XVIII

point de vue philosophique et pratique, celui qui se rend compte qu'il est de son devoir d'être heureux, puisque c'est la volonté du Logos qu'il en soit ainsi. L'étudiant en théosophie devrait se distinguer des autres par la sérénité parfaite dont il fait preuve dans toutes les difficultés possibles, et par la joie rayonnante qu'il éprouve à aider les autres. Les bonnes influences peuvent être, heureusement, répandues à la ronde tout aussi aisément que les mauvaises, et l'homme qui est assez sage pour être heureux, deviendra un centre de bonheur pour les autres, un véritable soleil déversant lumière et joie autour de lui et, dans la mesure de ses moyens, un collaborateur de Celui qui est la source de toute joie.

C'est ainsi que nous devons tous contribuer à briser ces tristes raies de l'abattement, afin que l'âme, leur prisonnière, soit libérée dans la glorieuse lumière de l'amour divin.

LE DÉVOT

Il nous sera utile de terminer cette étude des diverses variétés de corps astral par l'examen de deux types très distincts ; en les comparant l'un à l'autre, nous avons beaucoup à apprendre.

Le premier est représenté planche XIX et nous pourrions l'appeler l'homme dévotionnel [1]. Les couleurs de son corps astral nous dévoilent ses caractéristiques particulières, nous voyons ainsi qu'il possède un tant soit peu de ce violet pâle, et le violet indique la possibilité d'accéder vers un idéal élevé. Sa note dominante est un développement peu ordi-

1. L'homme profondément pénétré d'esprit religieux.

naire de la couleur bleue, indice d'un profond sentiment religieux ; malheureusement une faible proportion seulement est de cette pure couleur bleu clair qui représente la dévotion désintéressée ; la plus grande partie est d'une teinte plus foncée et quelque peu empâtée, nous indiquant l'adjonction d'une quantité notable de désirs d'intérêt personnel.

La faible proportion de jaune dénote, chez notre sujet, trop peu d'intelligence pour remplir avec mesure ses devoirs religieux et pour ne pas tomber dans une bigoterie déraisonnable. L'affection et l'adaptibilité sont assez bien représentées, quoique ces qualités ne soient pas d'un ordre très élevé ; quant à la sensualité, sa proportion dépasse de beaucoup la moyenne, et l'astuce comme l'égoïsme semblent aussi proéminents. Il est curieux de remarquer que l'extrême sensualité et le tempérament religieux soient aussi souvent associés, cela laisserait supposer qu'il doit y avoir entre eux quelque rapport caché — ou bien il se pourrait simplement que tous deux soient le fait d'un homme qui vit surtout de sensations, qui est gouverné par elles au lieu d'essayer de les dominer par le raisonnement. Un autre point, auquel il convient de faire attention, est l'irrégularité dans la distribution des couleurs et le vague de leurs contours ; elles se fondent toutes les unes dans les autres, et nulle part il n'y a des lignes nettes de démarcation. Cela représente aussi une caractéristique spéciale : le vague des conceptions du dévot.

Il est bien entendu que, dans cet exemple comme dans les autres exemples du même chapitre, nous considérons uniquement les variantes de l'homme ordinaire. Le corps astral de la planche XIX n'est donc pas celui d'un homme religieux développé,

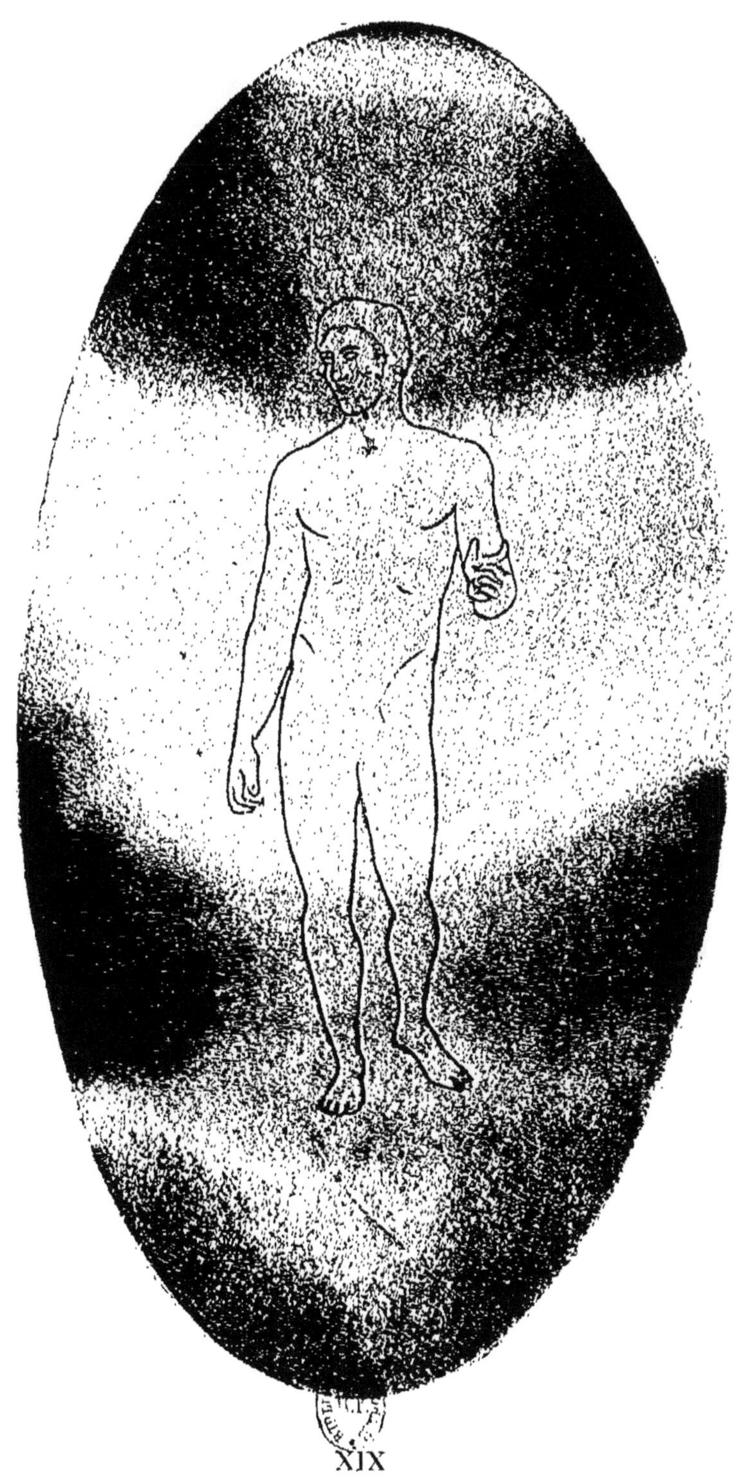

XIX

guidé par la raison et dont la dévotion est le fruit de la connaissance, mais celui d'un homme religieux ordinaire et peu intelligent.

L'HOMME D'ESPRIT SCIENTIFIQUE

L'observateur ne peut manquer d'être frappé par le contraste qui existe entre le corps représenté planche XX et celui que nous venons de décrire. Les traits principaux de la planche XIX sont la religiosité (ou une variante de la dévotion), la sensualité et une faible proportion d'intellect. Dans le type de la planche XX, nous n'avons plus du tout de religiosité, la proportion de sensualité est de beaucoup inférieure à la moyenne, mais, par contre, l'intellect est développé à un degré presque anormal. L'affection et l'adaptabilité sont faiblement représentées et de médiocre qualité ; elles semblent éclipsées par le développement de l'intellect ; en effet, le type que nous examinons n'est pas encore suffisamment évolué pour posséder à la fois toutes ces qualités dans leur forme élevée. On y remarque aussi passablement d'égoïsme et d'avarice, et une certaine tendance à la jalousie. Mais la marque dominante de cet homme est la grande proportion de jaune d'or, démontrant une intelligence bien développée et dirigée surtout vers l'acquisition de la connaissance. Un vaste cône, d'orange éclatant, s'élève au milieu de ce jaune et indique la présence d'une quantité notable d'orgueil et d'ambition associés à ce savoir ; toutefois, la teinte particulière du jaune exclut toute idée d'avilissement de l'intellect par des fins purement égoïstes.

Il serait bon d'observer que l'habitude ordonnée

et scientifique de l'intelligence a une influence subséquente sur l'arrangement des couleurs astrales ; elles tendent à s'arranger en bandes régulières, et les lignes de démarcation entre elles sont plus définies que dans les exemples précédents.

Il est évident que les corps illustrés planches XIX et XX, représentent deux variétés de développement inégal ; et, si chacun d'eux a ses bons côtés, il a aussi ses désavantages marqués. Nous allons maintenant passer à l'examen des véhicules de l'homme mieux développé ; il possède, à un plus haut degré, toutes ces qualités diverses, il les a surtout bien équilibrées, de telle sorte que chacune soutient et fortifie l'autre, au lieu de la dominer ou de l'étouffer.

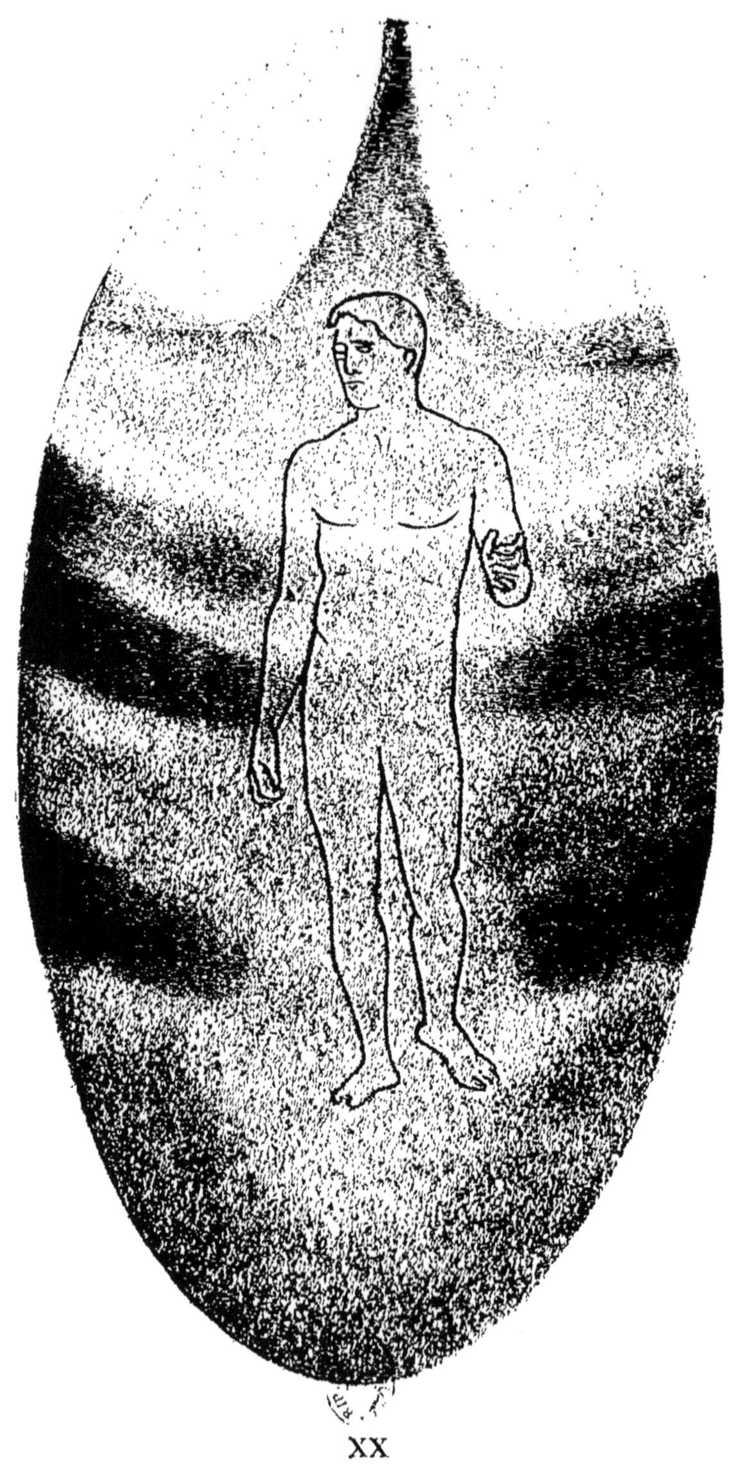

XX

CHAPITRE XVIII

L'HOMME DÉVELOPPÉ

L'expression « développé » est toute relative et il convient d'expliquer ce qu'on entend ici exactement par ce mot. Les véhicules représentés sous cette désignation sont ceux que pourrait posséder toute personne aux pensées pures, ayant définitivement et rationnellement « placé son affection dans les choses d'en haut et non dans les choses terrestres ». Ce ne sont pas les véhicules d'un homme déjà fort avancé sur le sentier qui conduit à l'Adeptat, car, dans ce cas, nous trouverions une différence considérable en leur grandeur aussi bien qu'en leur disposition. Mais ils indiquent nettement que celui dont ils sont l'expression, est à la recherche des hautes vérités, qu'il s'est élevé au-dessus des simples visées terrestres et qu'il vit pour un idéal. Dans cette catégorie, il s'en trouve de plus avancés dans une direction ou dans une autre ; mais l'exemple que nous avons choisi, est celui d'un homme également équilibré, — une bonne moyenne entre ceux qui ont atteint le niveau dont il est question.

Examinons d'abord la planche XXI qui nous représente son *corps causal*. En la comparant avec les planches V et VIII, nous verrons quel a été le progrès de l'homme et sous quel aspect ce progrès s'exprime. Nous observons que de nombreuses et belles qualités se sont développées en lui, car le splendide globe irisé (ou enveloppe pelliculaire) est actuellement rempli des plus exquises couleurs, symbolisant pour nous les formes élevées de l'amour, du dévouement et de la sympathie, auxquels viennent s'ajouter un intellect affiné et spiritualisé et des aspirations constantes vers ce qui est divin. Laissez-moi vous faire une citation tirée de notre sixième manuel théosophique (*le Plan mental*, page 131) :

« Composée d'une matière prodigieusement ténue, subtile, éthérée, animée d'une énergie intense, d'une flamme qui palpite et qui vit, [cette sphère] devient en se développant, un globe resplendissant aux couleurs radieuses ; des vibrations rapides font naître à sa surface des ondes aux nuances changeantes, nuances inconnues ici-bas, d'un éclat, d'une douceur et d'une luminosité impossibles à décrire. — Ajoutez à la gloire d'un coucher de soleil égyptien la douceur merveilleuse d'un beau soir d'Angleterre ; supposez cet éclat, cette transparence et cette splendeur se surpassant eux-mêmes comme les surpassent déjà les tons que donnerait la boîte à couleurs d'un enfant, — vos efforts seront vains : nul ne pourrait imaginer, sans l'avoir contemplée, la beauté de ces globes radieux qui fulgurent dans le champ de la vision clairvoyante quand elle parvient à s'exercer dans ce monde sublime.

Les corps causals sont tous remplis d'un feu vivant qui descend d'un plan supérieur ; celui-ci semble relié à chaque globe par un fil vibrant, prodigieusement lumineux et rappelant d'une manière frappante la stance de Dzyan : *L'Étincelle est suspendue à la Flamme par le fil le plus ténu de Fohat.* A mesure

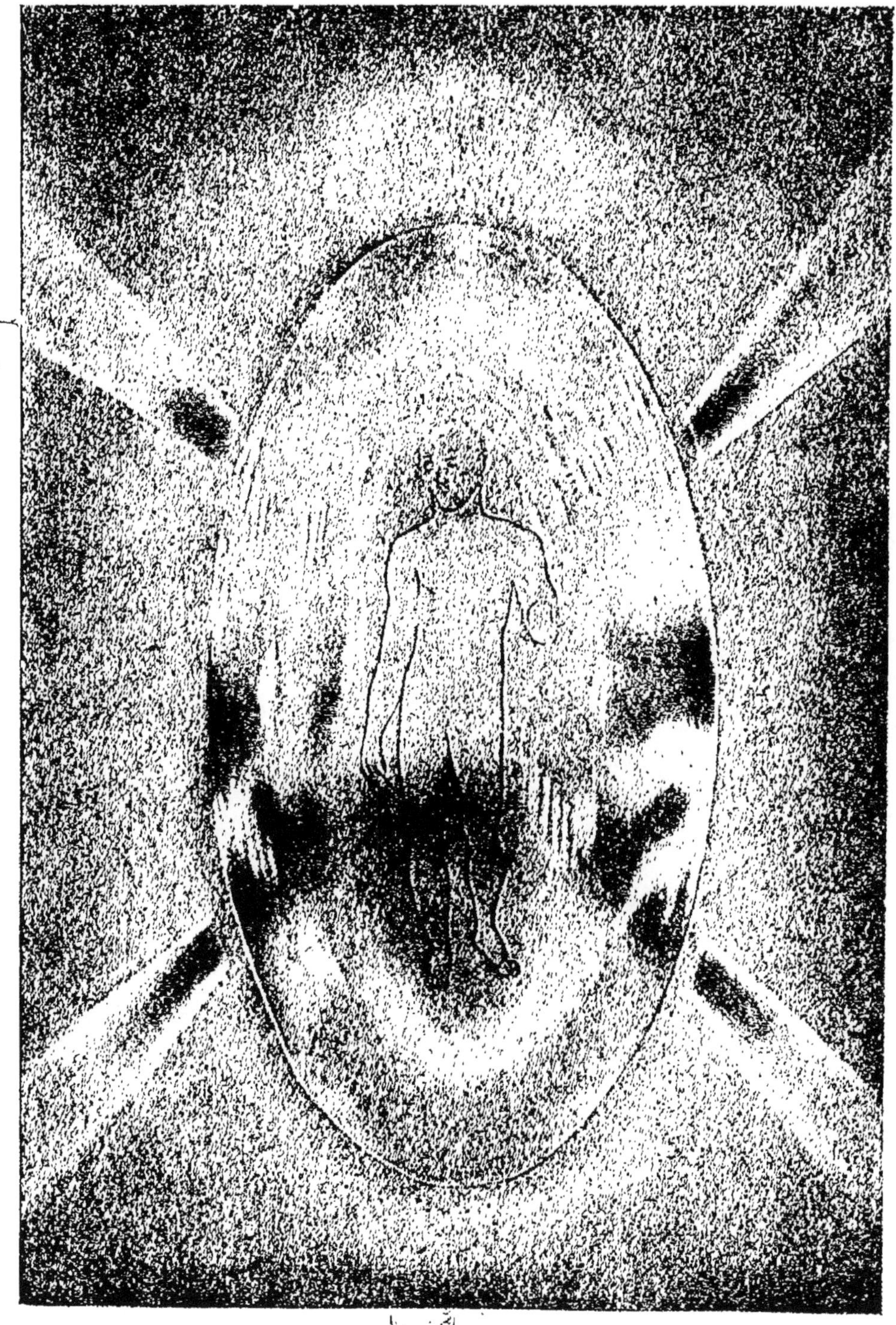

XXI

que l'âme se développe et devient plus capable de s'ouvrir à l'inépuisable océan spirituel qui se déverse par le fil comme par un canal, ce fil se dilate, se prête de plus en plus au passage du flot divin jusqu'à ce que, sur le plan suivant, il ressemble à une trombe unissant le ciel et la terre. Plus haut encore, il s'est transformé en un globe immense à travers lequel se précipite la source vivante et le corps causal semble se fondre avec la lumière qui l'inonde.

Le fil, disent encore les Stances, *le fil qui unit le Veilleur Silencieux à son Ombre, devient plus fort et plus radieux à chaque Changement. La Lumière Solaire du matin s'est changée en l'éclat glorieux du Midi. Voilà ta roue actuelle, dit la Flamme à l'Etincelle. Tu es moi-même mon Image et mon Ombre. Je me suis vêtue de toi et tu es mon vâhan ; jusqu'au jour — sois avec nous — où tu reviendras moi-même et d'autres, toi-même et moi*[1]. »

Combien on se sent impuissant à dépeindre toute cette gloire sur une feuille de papier ! Notre artiste, cependant, a réussi fort habilement à représenter ce que nul pinceau ne saurait tracer ; et bien que l'image physique la mieux réussie ne puisse être que fort éloignée de cette transcendante réalité, celle-ci, pourtant, offre à notre imagination un point de départ qui pourra nous permettre de nous en faire une idée.

Nous ne devons pas omettre de noter une des caractéristiques les plus sublimes de l'homme développé, c'est-à-dire son aptitude à canaliser la force d'en haut. On voit que, de son corps causal, des courants

1. Voir *Doctrine Secrète*, vol. I, p. 12, stance VII, versets 5, 6 et 7 (Publications théosophiques).

de cette force se déversent en diverses directions, car son absence d'égoïsme, son attitude secourable et sa générosité permettent à la force divine de se déverser en lui en un flot puissant qui, par son intermédiaire, parvient à beaucoup de ceux qui ne sont pas assez forts pour la recevoir directement. Devenir ainsi l'un des aumôniers de Dieu est un privilège digne de tous nos efforts, et il est à notre portée pour peu que nous cherchions à l'atteindre.

Les brillantes étincelles qui couronnent la partie supérieure, indiquent l'activité des aspirations spirituelles. Elles ajoutent grandement à la beauté et à la dignité de l'ensemble. Elles s'élèvent constamment du corps causal, quelque inférieures que soient les occupations de l'homme sur le plan physique ; car lorsque l'âme est éveillée sur son propre niveau et commence à comprendre ce qu'elle est et la nature de ses rapports avec le divin, elle aspire toujours vers la source dont elle émane et reste indifférente à toutes les activités qu'elle peut, durant ce temps, exercer sur les plans inférieurs. N'oublions pas que, même la plus noble personnalité, reste toujours une expression affaiblie et partielle du moi ; aussi, dès que l'homme supérieur commence à déchirer son voile, un champ d'action presque illimité s'ouvre devant lui, horizon immense dont notre vie physique si bornée ne peut nous donner aucune idée.

Cette pensée d'aspirations spirituelles, qui se traduit chez l'homme développé par une si glorieuse auréole, est elle-même, le canal dispensateur du pouvoir divin ; de telle sorte que, plus ses aspirations deviennent puissantes et complètes, plus grande est la mesure de la grâce d'en haut.

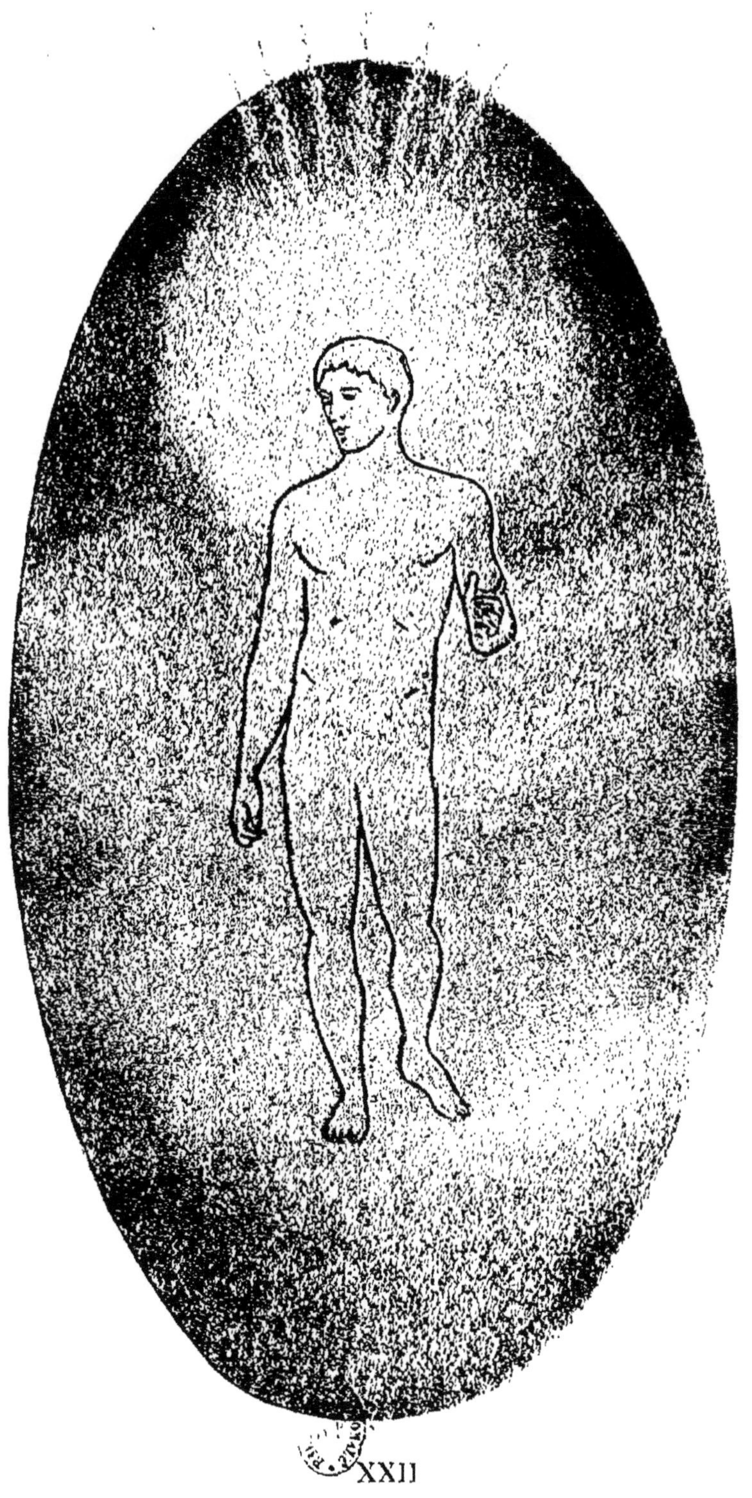

XXII

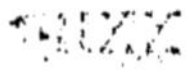

SON CORPS MENTAL

A mesure qu'il étudie un homme de plus en plus développé, l'observateur ne peut manquer d être frappé de ce que ses différents véhicules sont tous, non seulement plus affinés et améliorés, mais aussi plus semblables les uns aux autres. En admettant qu'il existe, entre les diverses teintes appartenant aux niveaux inférieur et supérieur du plan mental, la même différence qu'entre ce que nous pourrions appeler les gammes de couleurs, la planche XVII serait presqu'une reproduction de la planche XXI et l'analogie entre les planches XXII et XXIII semblerait encore plus prononcée. Rappelons-nous, toutefois, en les comparant, que les couleurs astrales sont, à leur tour, d'une gamme inférieure à celle du niveau mental le plus bas.

On peut encore comparer entre elles les planches XXII, IX et VI, et l'on y verra comment le progrès s'affirme depuis le corps mental du sauvage jusqu'à celui de l'homme dépourvu d'égoïsme. On pourra observer que l'orgueil, la colère et l'égoïsme ont totalement disparu et que les couleurs restantes, non seulement se sont étendues jusqu'à remplir la totalité de l'ovoïde, mais que leur tonalité s'est améliorée, au point de donner une impression sensiblement différente. Chacune d'elles est plus affinée, plus délicate, car tout sentiment d'égoïsme a disparu, et à ces couleurs, vient s'ajouter le pur violet aux étoiles d'or, qui dénote l'acquisition de qualités nouvelles et plus hautes. Le pouvoir d'en haut, qus nous avons vu rayonner à travers son corps causal, agit également à travers son véhicule mental, bien qu'avec une force un peu diminuée. Le corps mental que nous avons reproduit, est déjà d'un très beau type, il est bien développé et contient toutes les promesses d'un rapide avancement le long du sentier, dès que son heure aura sonné.

SON CORPS ASTRAL

A première vue, son corps astral, figuré planche XXIII, paraîtra ressembler de très près au véhicule mental ; il n'est guère plus, en fait, qu'une réflexion de ce dernier dans la matière plus grossière du plan astral. Cette analogie nous indique déjà que cet homme a soumis entièrement ses désirs au contrôle du mental, et que sa raison affermie est de force à résister aux assauts furieux des passions. N'ayant pas encore fait ses premiers pas sur le sentier, il reste encore enclin à s'irriter éventuellement ou à céder à certains besoins impérieux et peu désirables ; mais il en sait assez pour réprimer, désormais, ces manifestations d'ordre inférieur et pour maintenir contre elles une lutte constante au lieu de céder à leur empire. Si donc ces défauts peuvent encore influencer temporairement son corps astral, ils ne pourront produire sur lui d'impression durable et céderont finalement devant les vibrations beaucoup plus fortes des qualités supérieures.

Dans les mêmes conditions, mais à un stade encore plus avancé, le corps mental devient lui-même une réflexion du corps causal, mais alors les impulsions du Soi supérieur sont devenues les uniques guides et de cet homme et de sa raison.

Cette illustration nous explique un fait intéressant relatif à la lumière jaune qui représente l'intellect.

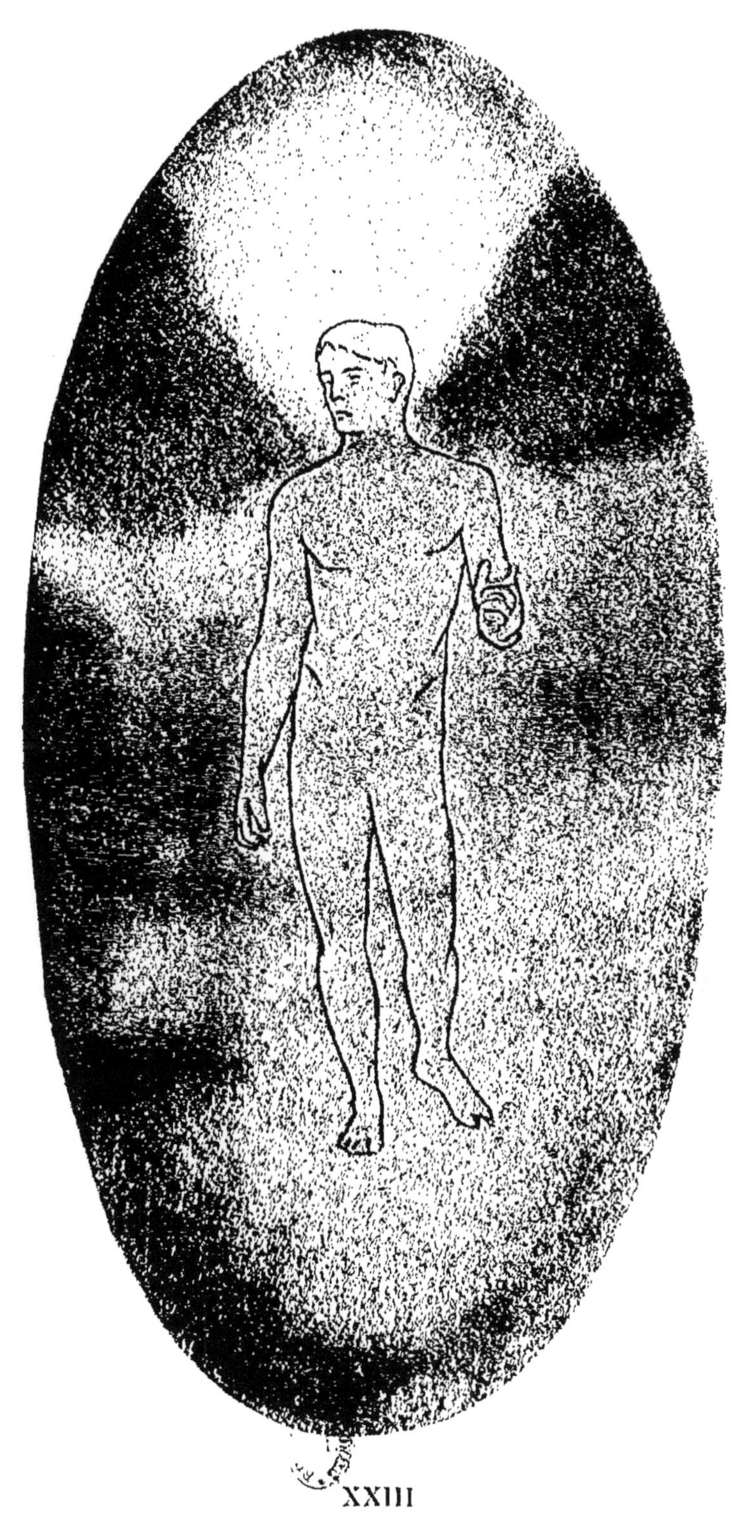

XXIII

Lorsque cette couleur est présente dans l'ovale, elle se montre invariablement dans sa portion la plus haute, au voisinage de la tête ; c'est l'origine de ce nimbe de gloire que l'on figure autour de la tête des saints ; ce jaune est, en effet, de beaucoup la couleur la plus apparente du corps astral et celle qui est le plus facilement perçue par quiconque approche la limite de la clairvoyance. Elle peut même être vue, parfois, sans le secours de la vision astrale ; ainsi, lorsqu'une personne, un peu développée, se livre à un effort spécial d'une nature quelconque, que ce soit dans un sermon ou dans une conférence, ses facultés intellectuelles sont soumises à une activité inusitée et l'auréole jaune se trouve alors intensifiée. Dans certains cas que j'ai observés, cette auréole avait franchi les bornes de la visibilité physique et avait été perçue par nombre de personnes qui n'avaient d'autre pouvoir visuel que celui de notre plan. Dans un cas de ce genre, ce n'est pas que les vibrations astrales diminuent d'intensité jusqu'à s'abaisser au-dessous du taux vibratoire qui les sépare de la vibration physique, mais elles deviennent, au contraire, plus énergiques au point d'être à même de déterminer des vibrations synchrones, même dans la matière lourde et grossière du plan physique. Les peintres du moyen âge, qui se mirent à entourer d'une auréole la tête des saints, en prirent, sans doute, l'idée germinale soit dans la perception accidentelle de ce phénomène, soit encore dans les traditions de ceux qui possédaient la vision clairvoyante. Je vous rappelle aussi qu'une croix se trouve souvent reproduite dans l'auréole du Christ ; cette addition, strictement raisonnée, n'est point critiquée par l'observation occulte, car on a fréquemment observ(

que des figures géométriques, symbolisant certaines pensées élevées et de haute portée, se rencontraient dans les auras des personnes très évoluées. Voyez l'article de Mme Besant sur les « Formes-pensées », dans la revue *Lucifer* (septembre 1896).

L'étudiant recueillera quelque profit à comparer soigneusement ces exemples les uns avec les autres; il examinera, tout d'abord, chaque corps causal, par rapport aux corps mental et astral qui en sont les expressions partielles, et comprendra ainsi la relation qui existe entre ces différents véhicules ; il comparera, ensuite, les trois corps astraux des planches VII, X et XXIII pour se rendre compte des progrès réalisés dans le corps du désir ; de tous les véhicules de l'homme, c'est ce dernier que le clairvoyant perçoit le plus facilement, et c'est aussi le seul que puisse voir la personne douée du développement psychique ordinaire. La même comparaison pourra être faite entre les planches VI, IX et XXII, puis entre les planches V, VIII et XXI, et servira à contrôler les progrès de l'homme dans les corps supérieurs.

Dans notre littérature théosophique, nous avons beaucoup de livres exposant la contre-partie de toute cette évolution et déterminant les qualités morales requises à ces divers stades. C'est un sujet d'un inépuisable intérêt, mais sortant quelque peu des limites de ce petit travail. Ceux qui désirent l'étudier, feront bien de consulter *les Aides invisibles*, chapitres XIV à XVI, et de lire, après cela, les livres de Mme Besant: *Vers le Temple* et *le Sentier du Disciple* [1].

Par la lecture de ces ouvrages, on pourra se faire

1. Publications théosophiques, 4, square Rapp.

une idée, non seulement des conditions de notre progrès futur, mais du but et de l'avenir glorieux qui nous attend, lorsque nous aurons rempli ces conditions — lorsque après bien des incarnations sur cette vieille terre maternelle, nous aurons appris enfin les leçons que sa vie physique a pour tâche de nous enseigner. Nous aurons alors atteint cette « résurrection des morts », vers laquelle saint Paul aspirait avec tant d'ardeur, car nous serons libérés et de la mort, et de la naissance ; nous aurons franchi le cycle de la nécessité et nous serons libres à jamais, — libres de secourir nos frères-compagnons sur ce sentier que nous venons de parcourir, et cela jusqu'à ce qu'ils puissent, à leur tour, atteindre ce qui est devenu notre lumière et notre victoire. Ce but est le même pour tous ; chaque âme, si jeune soit-elle, y parviendra tôt ou tard. Le « salut » n'est douteux pour personne, car l'homme n'a besoin d'être sauvé que de sa propre erreur, de sa propre ignorance ; il n'y a pas pour lui une « espérance éternelle », mais une éternelle certitude. Tous doivent atteindre cette gloire, parce que c'est la volonté de Dieu, qui ne les a appelés à l'existence que dans ce seul but. Déjà même le monde progresse, des pouvoirs nouveaux commencent à se développer et il est certain que cette aurore matinale s'épanouira en un glorieux midi. Notre vue la plus perçante ne découvre aucun terme aux perspectives de progrès dévolues à l'humanité ; nous savons seulement qu'elles conduisent à des splendeurs indescriptibles, illimitées et divines.

CHAPITRE XIX

L'AURA DE SANTÉ

Jusqu'à présent nous nous sommes occupés exclusivement des relations existant entre les véhicules de l'homme et les plans supérieurs, mais notre exposé resterait incomplet si nous passions sous silence la matière physique extrêmement subtile que la vue clairvoyante perçoit comme partie composante de l'aura humaine. La plupart de cette matière est à l'état éthérique et constitue ce que l'on appelle souvent le double éthérique. Celui-ci n'est, en aucune façon, un véhicule distinct, mais doit être considéré comme faisant partie du corps physique. Il apparaît nettement au clairvoyant comme une masse de vapeur faiblement lumineuse, d'un gris violacé, interpénétrant la partie plus dense du corps physique et s'étendant légèrement au delà ; on peut s'en rendre compte en consultant les planches XXIV et XXV. Cette matière éthérique est le lien qui unit l'astral au physique, mais elle a, de plus, une fonction très importante : elle sert de véhicule à la force vitale sur le plan physique.

En dispensant sa chaleur et sa lumière, le soleil est, pour notre monde, la source de la vie ; il est aussi, dans le sens intime du mot, la source de cette force vitale dont nous sommes inondés. Cette force emplit, en tous temps, notre atmosphère terrestre ;

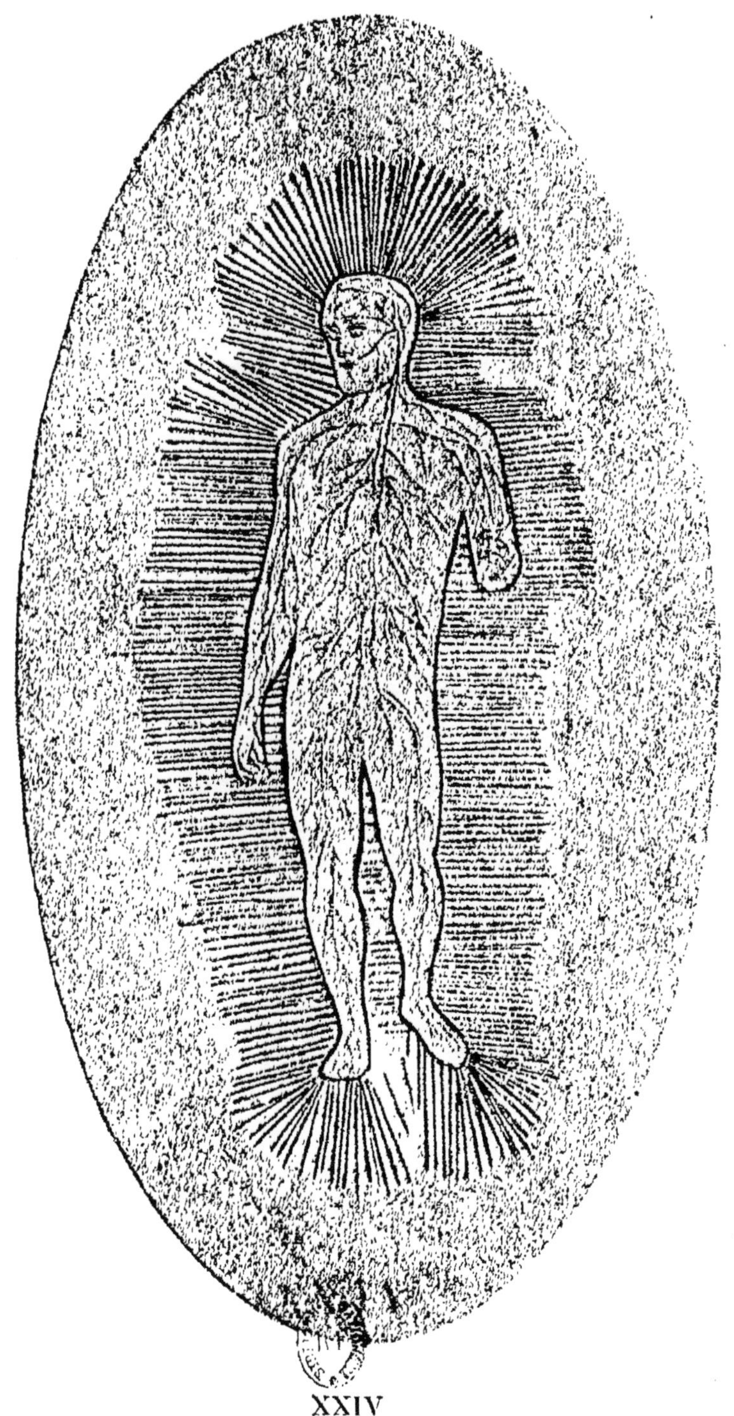

XXIV

elle est plus spécialement active pendant que le soleil brille, et nos corps physiques vivent par sa seule absorption. L'une des fonctions de la partie éthérique de la rate est d'absorber cette énergie vitale, de la spécialiser et de la transformer lorsqu'elle traverse cet organe, et de lui donner une apparence différente.

La force, elle-même, est naturellement invisible, comme toutes les autres forces ; mais étant répandue, tout autour de nous, dans l'atmosphère, elle s'y revêt de millions de particules ténues, incolores et cependant d'une activité intense. Après avoir été absorbées dans le corps humain, par la rate, ces particules prennent une belle couleur rose pâle, et, de même que les corpuscules sanguins circulent le long des artères et des veines, un flot continu de ces particules se répand le long des nerfs aussi bien à la surface qu'à l'intérieur du corps. Nous avons essayé, sur notre image, de figurer l'apparence générale de ce courant, sans prétendre, toutefois, donner une représentation exacte du système nerveux.

Il est évident que ce courant est nécessaire au fonctionnement régulier des nerfs, car, lorsqu'il fait défaut, il n'y a plus de sensation. Nous savons qu'une jambe peut être engourdie par le froid, au point de devenir tout à fait insensible au toucher. La raison de cette insensibilité réside dans l'absence de circulation de la force vitale, et l'on pourrait supposer qu'elle est due à un arrêt de la circulation du sang, mais ceux qui ont étudié le magnétisme savent bien qu'il est des plus facile de produire, au moyen de passes magnétiques, une semblable insensibilité. Cette expérience ne modifie en rien la circulation du sang, puisque le membre conserve sa chaleur, mais elle suspend celle du fluide vital et lui substitue celui du magnétiseur. Autant que la vue permet de s'en assurer, les nerfs sont intacts et en parfait état ; mais ils ne remplissent plus leur rôle de transmetteur, parce que le fluide qui les anime n'est plus relié avec le cerveau du sujet mais avec celui de l'opérateur.

Chez un homme bien portant, la rate fonctionne activement ; la force vitale se spécialise abondamment et rayonne extérieurement dans toutes les directions. Par suite, une personne en parfaite santé n'est pas seulement capable, par l'usage ou non de passes magnétiques, de céder intentionnellement une partie de son fluide à une autre personne, mais elle déverse, sans cesse, quoique inconsciemment, de la vigueur et de la vitalité sur tous ceux qui l'approchent. D'autre part, un homme que la maladie, ou toute autre cause, empêche de spécialiser, à son usage, une quantité suffisante de la force vitale du monde (Jiva), agit parfois, et tout aussi inconsciemment, à la façon d'une éponge et absorbe le fluide déjà spécialisé de tout être sensitif qui a la malchance de se trouver près de lui ; il obtient ce bénéfice temporaire en causant, le plus souvent, un sérieux dommage à sa victime.

Bien des gens ont expérimenté ce fait à un moindre degré et ont trouvé, parmi leurs relations, certaines personnes dont les visites laissent toujours une impression de fatigue et de langueur inexplicables. Une lassitude semblable est souvent ressentie par ceux qui fréquentent les séances spirites et ne prennent aucune précaution contre le drainage de leur force vitale qui s'opère pendant le cours des manifestations.

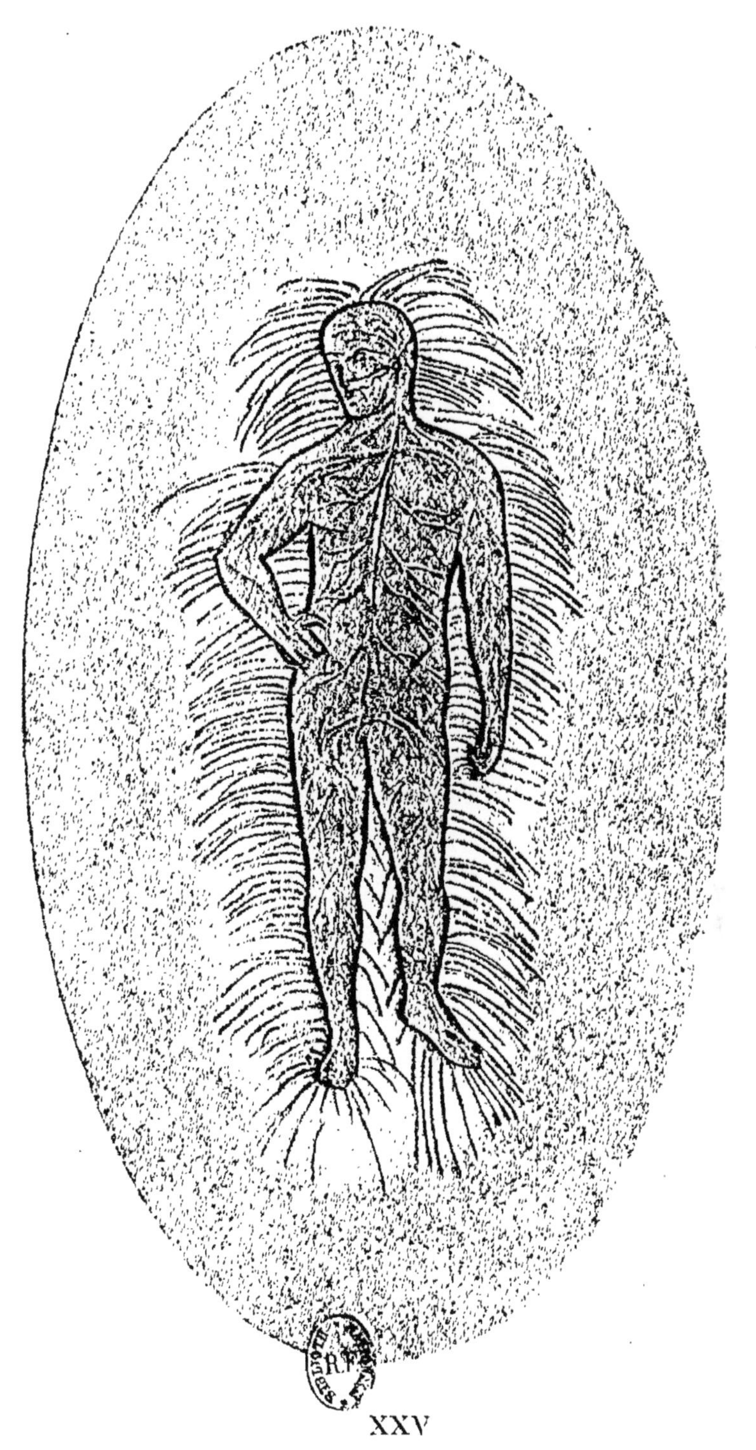

XXV

Cette radiation produit un effet frappant sur l'apparence de ce que nous pouvons appeler la portion purement physique de l'aura humaine. C'est un fait bien connu que de fines particules de matière dense, d'ordre physique, sont constamment rejetées hors du corps humain, soit par une transpiration insensible, soit par d'autres moyens. Le clairvoyant perçoit, en un léger brouillard gris, l'ensemble de ces particules qui, dans bien des cas, ne sont autres que des cristaux et affectent par suite des formes géométriques ; parmi les plus fréquentes se trouvent les petits cubes de chlorure de sodium ou sel ordinaire. Cette partie purement physique, qui émane du corps de l'homme et l'enveloppe de toutes parts, est souvent appelée l'aura de santé, parce que ses conditions sont grandement influencées par la santé du corps. Cette aura est légèrement bleutée, presque incolore et semble être striée, c'est-à-dire qu'elle est remplie, ou, plus exactement, composée d'une infinité de lignes droites rayonnant également dans toutes les directions et sortant des pores du corps humain. Tel est, du moins, l'état normal de ces lignes, lorsque le corps est en parfaite santé ; elles sont alors régulières et aussi complètement parallèles que le permet leur rayonnement. Mais, en cas de maladie, il se produit un changement immédiat ; dans le voisinage de la partie affectée, les lignes deviennent irrégulières, s'entre-croisent dans le plus complet désordre ou s'affaissent comme les pétales d'une fleur fanée.

Il est intéressant de se rendre compte de cette curieuse apparence. Le corps sain, émettant un rayonnement constant de force vitale, produit, dans l'aura de santé, la rigidité et le parallélisme des lignes ; aussitôt que ce rayonnement cesse, les lignes deviennent irrégulières et confuses. Dès que le patient se rétablit, le rayonnement normal de cette énergie se réorganise graduellement et les lignes de l'aura reprennent de nouveau leur ordre régulier. Tant que les lignes sont fermes et droites et que la force rayonne entre elles d'une manière continue, le corps semble être, presque entièrement, à l'abri des influences physiques malfaisantes — comme, par exemple, les germes de maladie ; ces germes sont repoussés et entraînés par la projection de la force vitale. Mais ce système de défense devient très insuffisant, et il est relativement aisé pour les germes morbides d'effectuer leur entrée dans l'organisme, lorsque pour une cause quelconque — soit faiblesse, blessure ou lésion, soit surmenage ou extrême abattement moral, soit encore excès d'une vie irrégulière — une somme extraordinaire de vitalité est devenue nécessaire pour réparer le dommage ou les pertes subies par le corps, et lorsqu'il y a, en conséquence, une diminution notable dans l'énergie du rayonnement.

Il est bon de mentionner ici qu'il est possible, par un effort de la volonté, d'arrêter ce rayonnement de vitalité à l'extrême limite de ses lignes et là de la façonner en une sorte de bouclier ou de coque absoment impénétrable pour ces germes, — et qu'un effort un peu plus grand peut le rendre impénétrable également pour toute influence astrale ou élémentale, — et cela aussi longtemps que persiste l'effort de volonté.

Les planches XXIV et XXV représentent des spécimens de cette aura pour un corps sain et pour un corps malade. Il faut se rappeler qu'elle est presque incolore ; elle est bien composée de matière physique et ne nécessite donc pas, pour être vue, une vision aussi développée que pour la partie astrale de l'aura; mais aux premiers degrés de la clairvoyance, le corps astral est souvent aperçu avant l'aura de santé, en raison du brillant éclat de ses couleurs et de ses continuels mouvements.

CHAPITRE XX

LE CORPS CAUSAL DE L'ADEPTE

Les illustrations de ce livre seront probablement assez instructives pour ceux de nos lecteurs qui ne peuvent encore voir aucun des véhicules supérieurs de l'homme, et c'est bien dans cet espoir que nous avons publié ces figures. Quant aux personnes qui *peuvent voir*, tout en rendant hommage au labeur consciencieux et à l'habileté de l'artiste, elles s'accorderont à reconnaître que nul effort humain ne peut, sur la toile ou sur le papier, représenter d'une manière adéquate même le plus bas des plans hyperphysiques. S'il en est ainsi (et assurément il en est ainsi), combien ne nous sera-t-il pas encore d'une plus absolue impossibilité de figurer l'Adepte, c'est-à-dire l'homme qui a atteint le terme de l'humanité, qui l'a franchi même et qui est devenu un être plus qu'humain.

Les dimensions du corps causal de l'Adepte se sont accrues extraordinairement ; sa gloire radieuse resplendit comme un ardent soleil ; son éclat dépasse et confond toute imagination. Nous ne saurions donner ici une idée de la beauté de sa forme ou de sa couleur, car le langage humain n'a point de mots pour décrire ces sphères étincelantes .A lui seul, le corps causal de l'Adepte réclamerait une étude com-

XXVI

plète, mais cette étude ne pourrait être entreprise que par un homme déjà fort avancé sur le Sentier.

Ce que du moins l'on peut voir facilement, c'est que le corps causal de l'Adepte n'est pas seulement beaucoup plus vaste que celui de l'homme ordinaire, mais qu'encore ses couleurs sont disposées d'une manière différente. Elles ont cessé de se mouvoir à la façon de nuages tourbillonnants, et elles sont ordonnées en vastes zones concentriques que pénètrent de toutes parts cependant des rayons de vivante lumière, jaillissant de l'Adepte comme d'un centre de forces. L'ordre de ces couleurs change suivant le type auquel appartient l'Adepte ; de sorte que l'on peut distinguer plusieurs variétés bien tranchées parmi ces véhicules glorieux.

Chose assez étrange, étant donné le caractère occulte du sujet, une révélation parfaitement exacte de ce fait nous est transmise par les images du Seigneur Bouddha que l'on peut voir grossièrement peintes sur les murs des temples de Ceylan. Le Grand Instructeur y est habituellement représenté enveloppé d'une aura ; et ce qui est étonnant, c'est que les couleurs et la disposition générale de cette aura seraient manifestement impropres et même inadmissibles si elles se rapportaient à un homme ordinaire ou encore (peut-on employer sans irrévérence une telle expression ?) à un *adepte ordinaire ;* et pourtant elles sont bien la peinture grossière et matérielle du corps causal actuel d'un Adepte du type particulier auquel appartenait ce Grand Être. Il est à remarquer aussi que les traits de l'Aura de santé figurent sur quelques-unes de ces peintures primitives.

S'il est impossible d'essayer de peindre le corps

causal du Maître, il peut ne pas être inutile de donner une idée au moins approchée des dimensions relatives et de l'aspect du corps causal d'un des disciples les plus avancés de ce Maître ; d'un homme qui a atteint le quatrième degré du Sentier ; d'un Arhat, en un mot, si l'on adopte la terminologie des livres orientaux (Voir *les Aides invisibles*, p. 140). C'est ce que l'on a tâché de faire planche XXVI. Mais l'imagination du lecteur devra suppléer à l'insuffisance de cette figure par un effort plus grand encore que de coutume. En effet, les couleurs de ce corps causal sont caractérisées par deux qualités opposées qu'il nous est impossible de concilier sur le plan physique. En premier lieu, elles sont sensiblement plus délicates et plus éthérées qu'aucune de celles que nous avons précédemment décrites ; puis en même temps elles sont infiniment plus intenses, plus brillantes et plus lumineuses. Jusqu'à ce que nous ayons appris à peindre avec de la flamme et non plus avec des couleurs solides ou liquides, nous resterons enfermés dans un infranchissable dilemme ; car si nous entreprenons de représenter la plénitude et la richesse des tonalités de ce véhicule, nous tomberons dans le lourd et le massif ; et si au contraire nous essayons d'approcher de l'admirable transparence et de la luminosité du modèle, nos couleurs manqueront complètement de cet éclat merveilleusement chaud et de cette plénitude de coloris qui le caractérise. Puisqu'un effort a été fait cependant pour donner une idée de la forme ovoïde et de la transparence des autres corps causals, il est peut-être meilleur de nous attacher plutôt ici à représenter la richesse de coloration, la disposition générale et les dimensions relatives de ce véhicule chez l'Arhat

Mais on n'atteindra ce dernier résultat que par un expédient qui consistera à réduire fortement sur notre peinture la taille du corps physique ; car, si nous nous en tenions à l'échelle précédemment adoptée, la représentation du corps causal de l'Arhat réclamerait quelques mètres aussi bien en largeur qu'en hauteur. Nous sommes donc forcés de diminuer considérablement le dessin de la forme physique, afin que le corps causal, réduit dans la même proportion, n'excède pas les dimensions d'une double planche. Quoi qu'il en soit et même en mettant les choses au mieux, une telle peinture ne peut avoir qu'une utilité : celle de nous aider à nous former, de ce véhicule supérieur de l'Arhat, une image mentale qui peut-être sera moins désespérément inférieure à la réalité.

Que si nous examinons maintenant cette figure, deux points nous frappent aussitôt. C'est, d'abord, l'admirable développement des plus hautes qualités de l'intelligence, de l'amour et de la dévotion qu'elle exprime ; c'est aussi la richesse de sympathie et de spiritualité sublime dont elle témoigne. La puissante éruption d'influence divine que nous avons déjà remarquée, planche XXI, se retrouve ici extraordinairement multipliée ; car, dans la personne de l'Arhat, l'homme est devenu un canal qui peut presque parfaitement livrer passage à la vie et à la puissance du Logos. La gloire ne rayonne pas de lui seulement en blanche lumière, mais toutes les nuances de l'arc-en-ciel se jouent autour de lui en tons changeants et chatoyants comme ceux de la nacre ; et il résulte de ce fait que l'on trouve dans cette atmosphère de lumière de quoi fortifier les plus hautes qualités de quiconque s'en approche, quelle que soit la nature de ces qualités. Nul ne peut donc passer dans la zone d'action de l'Arhat sans devenir meilleur. Il éclaire tout ce qui l'environne comme fait le soleil ; car il est devenu, comme le soleil, une manifestation du Logos.

Le corps mental et le corps astral associés au véhicule supérieur de l'Arhat n'ont pour ainsi dire aucune couleur propre ; ils ne sont en quelque sorte que le reflet du corps causal, sa répétition aux octaves inférieures ; ils montrent de ravissantes irisations, je ne sais quelle opalescence d'albâtre ou de nacre dont aucune description ne peut donner une idée.

Notre étude de ces véhicules habituellement invisibles de l'homme nous aura appris au moins une chose : c'est que le moi véritable est constitué par eux et non par cet agglomérat de matière physique qui s'est concrété au milieu de ces véhicules et auquel nous attachons sottement une importance qu'il mérite si peu. Et encore faut-il bien spécifier qu'en réalité l'*Homme Vrai* (c'est-à-dire la trinité divine qui est en nous), nous ne pouvons l'apercevoir. Mais plus notre vue et notre faculté de connaître se développent, plus aussi nous nous rapprochons de ce qui voile Dieu lui-même ou l'Homme vrai en nous. Pour le moment, le corps causal est le plus élevé de ses véhicules qui soit accessible à notre perception ; c'est donc ce corps causal qui nous donnera de l'homme vrai la conception la plus exacte. Si nous nous placions sur le plan mental inférieur pour considérer le même homme, nous ne pourrions voir de lui, naturellement, que ce qui ressortirait au corps mental, qui est la manifestation de la personnalité. Et, si nous l'examinions dans le plan astral, nous

nous apercevrions qu'un nouveau voile a encore été jeté sur lui et qu'on ne peut découvrir de cet homme que ce qui transparaît à travers le corps de désirs. Enfin, sur le plan physique, c'est encore pis ; l'homme vrai s'y trouvant plus caché que jamais.

Savoir cela peut nous induire à concevoir un peu plus d'estime pour notre prochain, en nous faisant comprendre combien, dans tous les cas, il est supérieur à ce qu'il paraît être pour nos sens physiques. Les plus hautes potentialités sont voilées et sommeillent à l'arrière-plan de sa nature, et bien souvent il suffira de les évoquer, de leur faire appel, pour qu'elles sortent de leur assoupissement et se manifestent à tous les regards. Après avoir étudié l'homme tel qu'il est, il nous sera donc plus facile de pénétrer l'épais voile de la matière et de nous figurer la brillante réalité qui se cache sous ce voile. Notre foi dans la nature humaine s'accroîtra au fur et à mesure que nous comprendrons mieux la participation de cette nature humaine à la nature divine, et nous aiderons plus facilement et plus efficacement les hommes nos frères quand nous serons bien pénétrés de la certitude qu'eux et nous ne formons qu'un.

Si la divine lumière brille plus pure sur notre front, ce n'est que pour mieux éclairer nos frères, et si nous occupons sur l'échelle du progrès une place un peu plus élevée, c'est uniquement pour que nous puissions leur tendre une main secourable et les attirer vers le but que tous doivent atteindre. Mieux nous comprenons cet admirable plan évolutif dont nous venons d'étudier la manifestation extérieure, mieux nous comprenons aussi le sens véritable et sublime du Sacrifice du Logos. Et cela est si beau, si parfaitement supérieur à tout ce que notre pensée peut concevoir, qu'il suffit de l'avoir une fois entrevu pour se dévouer éternellement à l'accomplissement de l'Acte incommensurable. Sans doute, hélas! nous ne coopérerons que dans une humble mesure à cette œuvre divine, mais qu'importe ? Celui qui travaille avec Dieu travaille pour l'éternité, non pour le temps ; et d'éons en éons, à travers les infinies profondeurs de l'Avenir, jamais rien ne prévaudra contre son œuvre.

INDEX

RENSEIGNEMENTS

SOCIÉTÉ THÉOSOPHIQUE

La Société Théosophique est une organisation composée d'étudiants appartenant, ou non, à l'une quelconque des religions ayant cours dans le monde. Tous ses membres ont approuvé, en y entrant, les trois buts qui font son objet ; tous sont unis par le même désir de supprimer les haines de religion, de grouper les hommes de bonne volonté, quelles que soient leurs opinions, d'étudier les vérités enfouies dans l'obscurité des dogmes, et de faire part du résultat de leurs recherches à tous ceux que ces questions peuvent intéresser. Leur solidarité n'est pas le fruit d'une croyance aveugle, mais d'une commune aspiration vers la vérité, qu'ils considèrent, non comme un dogme imposé par l'autorité, mais comme la récompense de l'effort. Ils pensent que la foi doit naître de l'étude ou de l'intuition, qu'elle doit s'appuyer sur la raison et non sur la parole de qui que ce soit.

Ils étendent la tolérance à tous, même aux intolérants, estimant que cette vertu est une chose que l'on doit à chacun et non un privilège que l'on peut accorder au petit nombre. Ils ne veulent point punir l'ignorance, mais la détruire. Ils considèrent les religions diverses comme des expressions incomplètes de la Divine Sagesse, et, au lieu de les condamner, ils les étudient.

Leur devise est Paix ; leur bannière, Vérité.

La Théosophie peut être définie comme l'ensemble des vérités qui forment la base de toutes les religions. Elle prouve que nulle de ces vérités ne peut être revendiquée comme propriété exclusive d'une Église. Elle offre une philosophie qui rend la vie compréhensible et démontre que la justice et l'amour guident l'évolution du monde. Elle envisage la mort à son véritable point de vue, comme un incident périodique dans une existence sans fin, et présente ainsi la vie sous un aspect éminemment grandiose. Elle vient, en réalité, rendre au monde l'antique science perdue, la *science de l'âme*, et apprend à l'homme que l'âme c'est lui-même, tandis que le mental et le corps physique ne sont que ses instruments et ses serviteurs. Elle éclaire les Ecritures sacrées de toutes les religions, en révèle le sens caché et les justifie aux yeux de la raison comme à ceux de l'intuition.

Tous les membres de la Société Théosophique étudient ces vérités, et ceux d'entre eux qui veulent devenir Théosophes, au sens véritable du mot, s'efforcent de les vivre.

Toute personne désireuse d'acquérir le savoir, de pratiquer la tolérance et d'atteindre à un haut idéal, est accueillie avec joie comme membre de la Société Théosophique.

SIÈGE DE LA SECTION FRANÇAISE
DE LA
SOCIÉTÉ THÉOSOPHIQUE

4, Square Rapp, Paris, 7e

Buts de la Société.

1° Former le noyau d'une fraternité de l'humanité, sans distinction de sexe, de race, de rang ou de croyance.

2° Encourager l'étude des religions comparées, de la philosophie et de la science.

3° Étudier les lois inexpliquées de la nature et les pouvoirs latents dans l'homme.

L'adhésion au premier de ces buts est seule exigée de ceux qui veulent faire partie de la Société.

Pour tous renseignements s'adresser, selon le pays où l'on réside, à l'un ou à l'autre des secrétaires généraux des Sections diverses de la Société.

CONFÉRENCES ET COURS

SALLE DE LECTURE — BIBLIOTHÈQUE — RÉUNIONS

Au siège de la Société, 4, square Rapp.

Le siège de la Société est ouvert tous les jours de la semaine de 3 à 6 heures. Prière de s'adresser au Secrétariat pour tous renseignements.

— Le Christianisme ésotérique.
C.-W. LEADBEATER. — Le Plan astral.
— Le Plan mental.
— Le Credo chrétien.
— Les Formes-pensées.
— Echappées sur l'Occultisme.
— L'occultisme dans la Nature (2 vol.).
— Le côté caché des choses (2 vol.).

Ouvrages d'ordre éthique.

ALCYONE. — Aux Pieds du Maître.
Comtesse WACHTMEISTER. — La Théosophie pratiquée journellement.
ANNIE BESANT. — Vers le Temple.
— Les Trois Sentiers.
— Le Sentier du disciple.
H.-P. BLAVATSKY. — La Voix du Silence.
La Lumière sur le Sentier, transcrit par M. C.
La Bhagavad Gitâ.
etc., etc.

MAYENNE IMPRIMERIE FLOCH — 4-7-1929

www.ingramcontent.com/pod-product-compliance
Ingram Content Group UK Ltd.
Pitfield, Milton Keynes, MK11 3LW, UK
UKHW022101260726
13993UKWH00001B/248

9 782329 196640